CW00507853

Giuseppe Roberto Mignosi

Giusto.
La soluzione del perdono.

2023

"Cosí è amator di pace chi dissimula con l'onesto fine
che dico, tollerando, tacendo, aspettando, e mentre si
va rendendo conforme a quanto gli succede,
gode in un certo modo anche delle cose che non ha,
quando i violenti non sanno goder di quelle che hanno,
perché, nell'uscir da se medesimi, non si accorgono
della strada ch'è verso il precipizio."
"Della dissimulazione onesta" di Torquato Accetto,
scrittore napoletano del XVI sec.

Prima di iniziare......

Il libro che avete tra le mani è di difficile definizione persino per il suo autore. Si potrebbe trattare di un *romanzo breve* oppure di un *racconto lungo*; fin qui il dilemma è poco rilevante; diviene invece molto più complesso descriverne il contenuto: testo filosofico, romanzo psicologico, racconto autobiografico? Temo che ognuna di queste definizioni sia eccessiva per le ambizioni del libro.
Certamente qualche cenno di filosofia è presente (chi non ama questa materia potrebbe ritenere *anche troppo* presente) vi è soprattutto l'amato Schopenhauer, in verità piuttosto rivisitato e in qualche punto tradito; emerge anche una sorta di tratto psicologico dei personaggi ma non molto più dello stretto necessario per facilitare la comprensione della dinamica del racconto, infine per quanto concerne un ipotetico profilo autobiografico, tenderei a negarlo del tutto. Aggiungerei al riguardo un "per fortuna" perchè il protagonista, ammesso che si possa definire tale, è una

persona incredibilmente sfortunata. Ingannato, deriso, tradito, derubato, non vi è nulla infatti che manchi all'armamentario della "*sfiga*" al povero Giusto, eppure la sua figura riesce a rimanere dignitosa fino alla fine, anche se il suo modo di affrontare le difficoltà della vita può non essere condivisibile. Intorno a lui, una città che parla e racconta, un prete dubbioso, una professoressa dinamica ed emancipata, un fratello astioso, un socio superficiale, un amico di famiglia velenoso, una moglie debole e problematica. Questi personaggi, anche quelli più negativi, escono dalle vicende della nostra storia in qualche modo assolti (o, meglio, perdonati), sia perchè argomenti a loro discolpa non mancano sia perché le loro azioni, discutibili o chiaramente malvagie, nascono da un comune sentimento che graverebbe come un macigno su tutti gli esseri viventi.

Lo stile dell'autore ha la pretesa di non essere convenzionale. Egli ama procedere per dialoghi e trascura, ogni qual volta non sia strettamente necessario, la descrizione puntuale dei luoghi e delle persone; utilizza molto, infine, il presente indicativo perché la voce narrante è quella della "città senza nome" che è fuori dal tempo degli uomini e che vede e racconta le vicende di questi ultimi nel momento stesso in cui esse accadono. Tutta la storia peraltro si svolge in un solo giorno e non vi è un vero motivo: si tratta, forse, di un vezzo teatrale.

Capitolo Primo. **Una passeggiata di prima mattina, facendo finta di parlare di Dio.**

Le persone che mi abitano mi interessano tutte. E' brava gente, di antico ceppo etrusco e cultura contadina. Donne e uomini che hanno sofferto. Quando, nel 1971, un terremoto mi distrusse, mi hanno ricostruito tale e quale, esattamente com'ero, con le mie vecchie vie, le mura, i portoni, le fontane, le chiese dai candidi portali, il mio commovente parco. Mi chiamo T. e sono una cittadina antica e nobile, che va fiera dei propri abitanti come questi vanno orgogliosi di lei. Potrei essere definita una città medioevale, ma non di quelle strette da mura e aggrappate alla cima di qualche montagna, con le case tutte accalcate e sovrapposte come impiegati nell'ascensore aziendale; macché, io sono ariosa, circondata da mura larghe e comode, stravaccata sui colli. Da qualsiasi parte mi si osservi, il paesaggio è dolce e, al tramonto, le luci esitanti, tra le rovine che emergono ovunque con studiata casualità, assumono fattezze di languido romanticismo. Ma, evidentemente, devo essere anche una città alquanto vanitosa, visto che finora non ho fatto altro che annoiarvi parlando di me, mentre io, in questa storia, c'entro poco. Ma, se proprio vogliamo iniziare da me, dobbiamo subito recarci in piazza Bastianini dove troneggia la mia Chiesa Cattedrale e dove, alternandosi tra la fontana grande e il caffè del Duomo, se vi affacciate dal campanile potete osservare don Felice che passeggia nervosamente. Eppure si è da poco fatta l'alba e le strade sono deserte. Ma don Felice è sempre stato un tipo ansioso. Non è di qui, è nato a C. un paese a pochi chilometri, che, pur vantando un olio migliore, sotto il profilo storico e delle bellezze artistiche non può competere con me. Tuttavia Felice ha frequentato le scuole a T., attratto dal nostro prestigioso Liceo Scientifico ed è rimasto affezionato. Poi, per motivi che solo un essere umano comprende, ancora studente universitario, si è fatto prete e ha girato un poco per l'Italia prima di tornare da noi come parroco. Ad osservarlo con attenzione non sembra un sacerdote. Bassotto e ampiamente stempiato, è un tipo sportivo, direi quasi atletico; con una bella voce baritonale che tutti apprezzano quando canta in chiesa. Tutti in verità è una esagerazione; diciamo quei pochi che in chiesa ci vanno. Come ogni sacerdote che si rispetti, cerca di essere amico fraterno delle sue "pecorelle" (persino del sindaco, capitalista e ateo) ma lo è sopratutto di Giusto, il suo vecchio compagno di scuola, con cui si è mantenuto in contatto anche durante il suo lungo pellegrinare per la penisola.

Giusto è quel signore snello, benvestito e con i biondi baffetti che vedete sorridente girare l'angolo da Via Roma. Naturalmente è un po' in ritardo (si giustificherà, immagino, con la solita storia della porta di casa che non si chiude facilmente). Don Felice non lo rimprovera. Sa bene che è inutile. Giusto sorriderebbe ancora una volta e la questione scivolerebbe via. Tutto scivola via con Giusto.

"Solita passeggiata?" Chiede Felice senza neppure attendere risposta. S'incamminano, come sempre da quando il sacerdote è tornato, fuori dalle mura, verso Via dell'Olivo, per prendere la lunga e spesso solitaria strada, assolata d'estate e ventosa d'inverno, che porta alla piccola chiesa fuori città. Devono inevitabilmente passare di fronte ad alcune saracinesche abbassate poste all'inizio della via. "Sempre chiuso. Nessuna novità, a quanto pare. Difficile affittare in questo periodo. Tu cosa immagini che ci faranno?" La domanda non è nuova e, come altre volte in passato, Giusto attende prima di rispondere. Si trattava del suo vecchio negozio, il migliore di tessuti che T. abbia mai avuto. Vendeva lino, cotone, seta, organza, lana, e ogni altra stoffa o tessuto che potesse interessare i sarti della provincia che, sopratutto il venerdì, affollavano il negozio. Gli affari sembravano pertanto andar bene, almeno questo era il convincimento di tutti i numerosi clienti, eppure... "Le attività commerciali sono strane. Non si sa mai quali, nella pratica, sono destinate al successo e quali no. Non ho proprio idea di quale esercizio vi apriranno." Risponde Giusto. In effetti, non si comprendeva il motivo dell'insuccesso commerciale dell'attività che

Giusto aveva avviato col suo socio Donato. Entrambi erano considerati abili negozianti e entrambi avevano competenze nel settore, eppure... "Le cose vanno come devono andare. Io mi accontento della mia merceria. Il giro d'affari è inferiore ma non devo dividere con nessuno e mi posso permettere di non avere dipendenti." Dopo l'insuccesso del negozio di tessuti, Giusto aveva infatti aperto una merceria, nella mia parte nuova, proprio accanto il giardino pubblico.

Dopo qualche altro centinaio di metri, in cui i due conservano il silenzio per meglio affrontare la salitella, la conversazione cambia radicalmente argomento. "Allora, hai risolto il problema del tuo Papa?" chiede Giusto all'amico sbuffante. "Io non ho proprio nessun problema col Santo Padre" risponde Felice "si tratta solo di una complessa questione giuridica di cui ho evidentemente fatto male a parlartene. Papa Ratzinger, con le sue famose dimissioni, sembrerebbe aver rinunciato solo al *ministerium* cioè all'esercizio attivo della funzione e non al *munus*, cioè al titolo di Papa, che è di natura divina. Se questo è vero, non si può parlare tecnicamente di una "abdicazione" di Benedetto XVI. Il soglio ponteficio non sarebbe pertanto "sede vacante" bensì solo "sede impedita" e non si sarebbe dovuto dar luogo ad un nuovo conclave." "E quindi il tuo Principale sarebbe abusivo.." aggiunge Giusto con la sua consueta smorfietta ironica. "A parte il fatto" replica Felice " che il mio unico Principale è Gesù Cristo, qui di abusivo non c'è nessuno. Esiste però una problematica che, unita a questioni sia teologiche che ideologiche, potrebbe dividere gravemente la Chiesa cattolica, potrebbe essere l'ultima grande, definitiva, divisione..." "Vabbè, problemi di voi preti..." taglia corto Giusto, Poi, accorgendosi dell'espressione di irritazione sul volto di don Felice, "in fondo, tutto quello che conta è vivere senza fare del male a nessuno; cosa vuoi che interessi chi è Papa e chi non lo è". Giusto è sempre stato così. In materia religiosa si definisce cattolico solo perchè "qualcosa bisogna pur professare" ma la sua fede, ammesso che esista, è sempre stata tiepida, scettica, quasi ironica. "Tu sei agnostico" sentenzia don Felice, fingendo di rimproverare l'amico. "Affatto. Io credo in Dio. Ma non credo a quel Dio con la barba che, seduto su una nuvola, divide i buoni dai cattivi, premia i primi e punisce e condanna alle eterne pene dell'inferno i secondi. Mi sembra un dio vendicativo questo e io non credo in un dio vendicativo, mi ricorda troppo le antiche divinità pagane e neppure tutte, alcune erano simpatiche"."Il Dio cristiano è un Dio d'amore". "Si, lo so bene " continua Giusto " il Dio cristiano è un Dio d'Amore. Semmai, secondo alcuni, fin troppo amorevole e misericordioso. Non secondo me, sia chiaro. Ma anche questo rapporto amoroso che voi preti predicate è strano, ambiguo, era ambiguo fin dai tempi della bibbia e degli antichi ebrei. Lo avevano chiamato "alleanza" e funzionava pressappoco così: i fedeli facevano offerte, sacrifici e preghiere e Dio li proteggeva da ogni male. E fin qui il baratto è un pochino squilibrato ma in fondo poteva definirsi quasi equo. Ma i cristiani fanno di peggio, in cambio di qualche preghiera e del rispetto di una decina di regolette pretendono addirittura "la vita eterna".

La vita eterna, ti rendi conto? Mica pizza e fichi. La beatitudine per tutti i secoli dei secoli. E mamma mia, e cosa mai avranno fatto per meritare un premio simile! Dammi retta, se Dio fosse un commerciante fallirebbe il primo giorno." "Mi correggo, non sei agnostico, sei proprio un miscredente!" ribatte Felice sconsolato. "No, ascolta, Felice, un fedele consapevolc dci doni divini ricevuti dovrebbe pregare dicendo semplicemente: 'Signore, ti onoro e ti glorifico per tutto quello che hai concesso all'umanità e a me, povero peccatore. I tuoi doni sono stati già così grandi che, se anche io dovessi morire domani e il mio corpo e la mia anima dovessero scomparire nel nulla, sarei stato da Te comunque gratificato oltre ogni mio merito. Grazie, Signore' Una preghiera che non chiede nulla ma ringrazia solamente. Tu ne conosci? Io no. Signore, dacci questo, dacci quello, fai così, non far così. Più che creature adoranti il loro creatore, i tuoi amici fedeli sembrano dei questuanti petulanti ed incontentabili."

"Senti un po'" fa Felice, sbuffando "sono le sei e

trenta del mattino e io sono anche piuttosto assonnato. Possibile che debba anche ascoltare i tuoi sproloqui? Per quale motivo, pur ben sapendo che sono un sacerdote, continui a parlarmi di religione in questo modo?" "Già" fa Giusto sempre tenendolo sotto braccio "ti ricordi quando non eri ancora prete? Intendo prima della vocazione, quando eravamo solo due studenti del liceo scientifico? Eri "L'anima delle feste", cantavi bene e suonavi la chitarra magnificamente. E devo dire che le ragazzette ti guardavano...non fare così, non voglio metterti in imbarazzo, ma ...lo sai che ti guardavano" E allora? "Ti ricordi che cantavamo le canzoni dei nostri genitori, le canzoni vecchie ...*acqua azzurra, acqua chiara, con le mani posso finalmente bere...*oppure quell'altra, come faceva, *dieci ragazze per me posson bastare...*" Ebbene? " Ebbene niente. Non avrei parlato mai con te di religione allora. Io non avrei parlato e tu non avresti ascoltato. Che ce ne importava della religione a noi, così giovani, così pieni di ormoni e così ricchi di aspettative? Poi tu, a ventidue anni e con tanti esami di filosofia già superati, un bel giorno hai deciso di farti prete".

Dopo un paio di chilometri, Via dell'Olivo sembra terminare quasi entrando all'interno della bella chiesetta della Madonna dell'Olivo. Alla sua sinistra, nascosta nei campi, chi la cercasse potrebbe trovare una piccola necropoli etrusca, nella quale sono seppelliti i tesori e i misteri di quell'antico e misterioso popolo. Conosciamo gli etruschi sostanzialmente solo dalle loro tombe ed è un peccato, perchè erano un popolo allegro ed ottimista, fatto di uomini che amavano le donne e di donne che amavano essere amate dagli uomini. Un popolo d'amore, ricco, fiero, colto. Peccato che si siano estinti, anche se tutto, intorno a me respira del loro profumo e la loro presenza è rintracciabile nello sguardo e nel modo di camminare di ogni mio abitante. Tutte quelle persone sono scomparse inghiottite dal tempo e nulla conosciamo di loro, neppure i loro nomi, neppure le loro canzoni. Eppure hanno vissuto sui miei colli, piantato i miei uliveti e noccioleti, bevuto quello stesso vino prodotto da uva che cresce sulle canne e che qui chiamiamo *cannaiuolo,* si sono scaldati con lo stesso sole e hanno goduto del fresco venticello che arriva sulle mie mura dalla costa bagnata dal Tirreno. Non ci sono più, come centinaia di popoli simili a loro, come miliardi di persone simili a voi. "Sembra quasi che mi rimproveri per la mia vocazione.." riprende don Felice. "Certo che ero un giovane allegro e che cantavo le vecchie canzoni di Lucio Battisti che mi aveva insegnato mio padre. Mi piaceva vivere, ma mi piace ancora,, anzi, in molti sensi, mi piace ancora più. Solo che, adesso, la vita ha per me più senso. Riesco a vedere il significato dell'esistenza umana che altrimenti appare fine a se stessa, un nascere, crescere, invecchiare e morire sempre uguale, ripetitivo, angosciosamente vacuo. Il significato è Gesù Cristo. Solo il Vangelo ha saputo riempire la mia vita e darle uno scopo." "Già, è proprio questo il problema, caro Felice, voi cristiani, così come gli ebrei e i musulmani, siete dei credenti del Libro. Credete cioè che Dio è venuto in terra o ha mandato qualcuno o ha fatto dettare da qualcuno le Sue volontà. E secondo voi, grazie ai vostri libri, sapete quello che è giusto e quello che non è giusto. Avete le vostre regolette, sapete come pregare, quante volte al giorno farlo, con quali parole, rivolti da quale parte. Le vostre regolette, amico mio, sono semplicemente idiote: per un credente è gravissimo offendere con le parole il nome di Dio, è bestemmia, mentre trasformarlo in una entità pedante dalla moralità pignola e burocratica sarebbe opera meritoria. Secondo me, questa seconda è invece la bestemmia più grave. No, non è quello che pensi. Non è vero che io non creda in Dio. Io non credo nel Dio che voi credenti immaginate. Un Dio che voi avete fatto a vostra immagine e somiglianza e non il contrario. Un Dio geloso, permaloso, vendicativo, irascibile oppure, al contrario, un Dio debole, che supplica il vostro affetto e vi promette ricompense che non meritate. Il modo con cui immaginate il Creatore è perfino offensivo. " "E tu, come lo immagini Dio?" Ribatte Felice un po' piccato. "Non potrei mai credere in un Dio che un qualsiasi homo sapiens sia capace di immaginare!" "Ho capito" fa don Felice "non vuoi andare oltre a qualche sagace battuta da intellettuale inconcludente. Parliamo d'altro, come sta tuo fratello?"

Giusto ha un fratello mirore che si chiama Valente: Non è di qui, è nato a Firenze. Per quale motivo la madre sia andata a partorire così lontano resta per me un mistero. Sono molti i miei concittadini nati altrove, questo perchè purtroppo non mi hanno mai costruito un vero ospedale ma la maggior parte va a far nascere la propria prole a Tarquinia, che potrebbe essere definita la mia sorella più grassa e meno fascinosa, anche se più famosa. Ad ogni modo, Valente è fiorentino e se ne vanta. Piace molto alle ragazze di T. perchè è un tipo spiritoso e dal comportamento sfacciato, grande raccontatore di storielle piccanti e buon giocatore di carte. Un carattere molto diverso da quello del fratello Giusto dotato, come avete sentito, di una conversazione piuttosto noiosa, che solo il povero don Felice sopporta, persino con qualche incomprensibile piacere. Una delle persone con cui Valente gioca spesso a carte è Donato, il socio di Giusto. In verità, dovrei dire l'ex socio, perché, come ormai sappiamo, il negozio di tessuti che avevano aperto insieme ha cessato le sue attività qualche mese fa e adesso Giusto gestisce la merceria che vi ho indicato quando i nostri amici sono passati vicino al parco pubblico. Anche Donato non è nato qui da me. La sua famiglia viene da Montalto di Castro. Gente matta quelli di Castro. L'austera cittadina, capitale di un antico ducato di duchi folli e indebitati, fu distrutta da un Papa, che aveva probabilmente compreso che i suoi abitanti era meglio perderli che guadagnarli. Quelli di Montalto, intendiamoci, non sono cattivi, anzi sono spesso simpatici ma come possono essere simpatici appunto i matti. Donato adesso ha aperto una sala giochi, sulla strada che porta al lago. Ha cambiato del tutto genere. O forse no, almeno a dar ascolto a certe voci. Ma, per adesso, torniamo a Valente... La domanda di don Felice, fatta solo per sviare da una discussione fastidiosa, non è molto appropriata. I rapporti tra i due fratelli sono pessimi da quando Fosco, il vecchio e burbero padre dei due, è passato a miglior vita. Fosco, vendendo a buon prezzo alcuni caseifici della zona, era riuscito a mettere da parte un discreto patrimonio. Nulla di eccezionale, intendiamoci, ma sufficiente ad acquistare la famosa "Palazzina Liberty", il mio edificio civile più famoso, poiché l'unico ad essere stato costruito secondo i dettami della *belle epoque* e rimasto intatto dopo che il terremoto del 1971 mi ha danneggiato in modo tale che ancora le mie mura tremano al solo ricordo. Alla morte di Fosco, tutti pensavano che la Palazzina sarebbe rimasta nella disponibilità di Giusto, anche perché così andava dicendo in giro il vecchio padre, ma essa fu invece messa in vendita e il ricavato diviso tra i due fratelli. Da allora, tuttavia, i rapporti tra Giusto e Valente sono andati peggiorando sempre di più e ormai si vedono di rado, in particolare per il compleanno di Selvaggia, la moglie di Giusto, che cade nel primo di novembre, quando i frantoi sono pieni di olio nuovo e si aspetta l'arrivo del vin novello. "Valente sta bene" risponde Giusto "anche se omai ci vediamo poco. Credo che si senta in colpa...Un mese prima di morire, nostro padre ci chiamò al suo capezzale. Erano mesi che si era messo a letto e non si alzava praticamente più. Voleva farci conoscere le sue ultime volontà"

"Si, è una storia di cui si parla in paese" esclama don Felice "ma nessuno ne conosce i dettagli. Racconta." "Non vi è molto da raccontare. Ci disse che desiderava che la Palazzina Liberty rimanesse a me, giacchè ero il più grande, ma che aveva riservato un'adeguata somma in contanti per Valente, in modo da ricompensarlo. Mio fratello non avrebbe dovuto pretendere nulla dell'immobile..." Non credo che si possa fare esattamente così, sul piano legale. "Mio padre non capiva molto di legge e, comunque, il punto non è stato questo." Cosa è successo? "Dopo la morte di papà la cassaforte è stata aperta ed è stata trovata vuota. Nessuna traccia del denaro. La chiave la teneva solo nostro padre e la cassa non era stata forzata. Nessuno poteva essersi impossessato del denaro e pertanto siamo tutti giunti alla conclusione che papà farneticasse e che quel denaro non fosse mai esistito. Con mio fratello abbiamo pertanto effettuato una divisione ereditaria basata solo sulla Palazzina e, poiché nessuno dei due aveva il denaro per acquistare la parte dell'altro, si è deciso di venderla." Proprio quello che il signor Fosco voleva evitare. "Già" fa Giusto "ma le cose non vanno sempre secondo i nostri desideri..."

Giusto tace. Don Felice comprende che l'amico vorrebbe dirgli qualcosa, continuare quel discorso sul fratello ma che si trattiene dal farlo. Non insiste. La mattina è ormai avanzata, tra poco dovrà prepararsi per la Messa delle nove e Giusto dovrà sollevare la saracinesca della sua merceria. E' tempo di tornare. "Stavo facendo una considerazione singolare. Lo sai, Giusto, che, da quando ti conosco e sono ormai molti anni, la frase che ti ho udito pronunciare più frequentemente è stata *le cose vanno così, non c'è nulla da fare...*ma non ti viene mai il desiderio di ribellarti all'andamento delle cose, il desiderio di modificare le situazioni?" L'amico sorride, come fa sempre quando si prende questo discorso. "Poco fa mi hai chiesto come io immaginavo Dio e io ti ho risposto che non avrei mai potuto credere in un Dio che sia immaginabile. Credo che la mia visione contribuisca molto a determinare quella che tu giudichi una sorta di debolezza di carattere. Vedi, io credo che gli uomini si diano troppa importanza. Tu mi dici "cambia le cose, falle andare come ritieni che sia giusto che vadano..." perchè le vicende del mondo devono essere al nostro servizio. Trovo in ciò una insopportabile presunzione, la medesima presunzione che ci fa credere che l'intero creato sia stato voluto per noi, che noi esseri umani siamo al centro dell'attenzione divina, che Dio sia quasi in nostra funzione. Si tratta di un modo di vedere che per me rasenta la blasfemia. Cerco di spiegare. Tu, Felice, sai quanto è grande un protone?" "Un protone? So che è una particella all'interno dell'atomo ma cosa c'entra..." C'entra. Sul Creatore non sappiamo nulla ma sul creato qualcosa la possiamo sospettare. Ebbene, è inutile che ti sforzi, non potrai mai immaginare quale sia la dimensione di un protone. L'essere umano è formidabile, crede di poter immaginare Dio e non è in grado neppure di immaginare un protone. In effetti tale particella è troppo piccola per piegarsi alla nostra immaginazione. Ebbene, facciamo finta che si possa ridurre un protone ad un miliardesimo delle sue reali dimensioni e uniamo questo nulla di energia a trenta grammi scarsi di materia..." "Non riesco a capire di cosa tu stia parlando..." "Lo capirai. Prendiamo questo materiale e lo comprimiamo in uno spazio le cui dimensioni rasentano lo zero. " "Ma è impossibile" "Certo che è impossibile. Assolutamente impossibile. Ma è stato fatto lo stesso. A questo punto, Dio ha detto *boom!* e, in pochi istanti, ad una velocità di milioni di miliardi di chilometri al secondo, si è formata quasi tutta la materia esistente, tutto l'universo con le sue galassie, costellazioni, sistemi, pianeti, satelliti, comete e asteroidi. Ti rendi conto che cosa è la Terra rispetto a tutto questo? Ti rendi conto di cosa sia l'intera umanità rispetto a tutto questo? Che cosa sia un singolo uomo rispetto a tutto questo?" Continuo a non capirti..." Giusto sbuffa, fingendosi irritato "Non è vero. Capisci benissimo. Tu la chiami Creazione, io la chiamo Big Bang, ma il problema non è terminologico. Il mito della Creazione è un inno alla presunzione umana, Dio crea tutto in funzione dell'Uomo; nel Big Bang, che non è un mito, Dio crea il Tutto e pertanto anche l'Uomo, ma come minuscolo e insignificante esserino periferico, aggrappato per poco tempo su di un irrilevante frammento di materia proiettato nell'universo. Dio è il Grande Artificiere, che conferisce forma ad innumerevoli universi che si espandono all'infinito per rimplodere di nuovo in una unità materica che rasenta il nulla per poi ricominciare da capo. Perchè accade tutto questo? Non lo so, non lo saprò mai e certamente Dio non è interessato a farmelo sapere. Dio non va capito ma accettato, a Dio non va chiesto nulla ma da Dio va accolto tutto, non bisogna cercare la logica in ciò che accade ma sapere che, qualunque cosa accada, è nella logica del Grande Artificiere. Ecco perchè io non me la prendo mai per ciò che accade. Ecco perchè mi senti spesso dire "va bene cosi..." perchè non c'è nulla che si possa o si debba fare, tranne accettare le cose come vengono"

"Ma non è cosi! Il tuo è un tipico filosofema" Don Felice avrebbe tanti argomenti per replicare. Ma è tardi. E' veramente tardi. E' tempo di tornare

Capitolo secondo. *Con l'amica femminista. Ridendo e piangendo si è fatta quasi ora di pranzo.*

L'Istituto Idovaldo Ridolfi è una mia vecchia e gloriosa scuola, costruita poche centinaia di metri fuori dalle mura. Sull'area su cui oggi sorge questo edificio, vi era, alcuni secoli fa, una piccola villa romana, appartenuta a una famiglia patrizia che solo raramente si recava in Tuscia. Vi si era pertanto insidiato un sapiente proveniente dalla Grecia, o comunque da uno dei numerosi paesi in cui allora si parlava quella lingua, e aveva cominciato ad insegnare filosofia a quei pochi giovani del contado che si potevano permettere un'istruzione. Era già il periodo in cui la grandezza di Roma declinava e la sua civiltà appariva stanca e depressa ma le intemperanze della *contre-culture* dei cristiani erano ancora lontane e, per il momento, templi, statue, divinità pagane, ville e filosofi erano ancora lasciati in pace. Questo saggio, che qualcuno sostiene si chiamasse Eustazio o qualcosa di simile, insegnava ai suoi seguaci come raggiungere la tranquillità dell'anima e a non farsi sommergere dalle passioni. Il percorso per tale meta era tracciato mediante un profluvio di parole che io, piccola cittadina tra i boschi, non saprei riferire se non alla buona. Da quello che ho capito, secondo Eustazio l'assenza di turbamento, che egli chiamava *euthymia,* era raggiungibile solo madiante l'accettazione dell'esistente, dal desiderare che le cose siano esattamente come sono, dalla sottomissione al proprio destino. Invitava pertanto a limitare i propri desideri a ciò che già si possiede o a ciò che sia agevole possedere, a non giudicare negativamente i comportamenti del prossimo, anche quelli che comunemente erano ritenuti non commendevoli e a vivere la vita giorno per giorno, senza illusioni o ambizioni, ma con leggerezza e riconoscenza. Mi dicono che queste posizioni esistenziali siano comuni tra gli umani quando le vicende storiche non siano esaltanti e le persone necessitino di pensieri consolatori. Probabilmente è così, anche se devo testimoniare che non furono pochi i giovani ascoltatori del vecchio saggio

Eustazio che vissero in modo assai difforme dai suoi insegnamenti. Ad ogni modo, quell'area del mio territorio è sempre stata un luogo in cui si è respirata cultura e, ancora ai nostri giorni, essa ospita la nostra migliore scuola. E' un luogo piacevole per imparare, un posto rassicurante, delimitato da verde pubblico e da panchine ombreggiate. Una delle insegnanti dell'istituto si chiama Diletta ed è quella bella signora, dal profilo aristocratico e dal gusto speciale per vestire elegante, che vedete ora, snella e dal passo spedito, avvicinarsi al negozio che Giusto ha aperto già da qualche ora.

Diletta è nata qui e io l'ho vista crescere. Ricordo perfettamente anche suo padre, che è morto da poco e che era un bravo Direttore del mio Museo Etrusco. Suo padre veniva da Roma ma si appassionò tanto allo studio dei sarcofaghi ritrovati nelle mie necropoli che non volle più andar via, neppure quando si aprì la possibilità di far ritorno a casa. I sette monumenti funebri che vedete allineati sulla piazza del Comune furono scelti personalmente da lui e le teste dei defunti etruschi, la sera e controsole, sembrano invero l'ombra di un gruppo di amici affacciati a mirare il tramonto.

In questa piazza Diletta ha giocato da bambina e, divenuta grande, ha frequentato il mio Liceo scientifico ed è stata compagna di classe di don Felice e di Giusto. Per motivi che spiegherò in seguito, la sua amicizia col sacerdote può apparire strana (ma non siate malevoli nel tentare di intuirne le cause, non sono quelle a cui pensate). Diletta era la più intelligente della classe e, dopo il diploma, è andata a Roma a studiare Lettere alla Sapienza, per poi tornare a insegnare nella sua città natale.

E' tornata accompagnata da Stefano, un lungagnone dalle sopracciglia forti che ha lasciato l'anno successivo. Ha convissuto poi con un certo Giancarlo, che parlava con un accento terribile e che ha lasciato dopo poco più di sei mesi. Infine è arrivato Mauro, che mi era simpatico perchè dipingeva dignitosamente e aveva un'encomiabile predilizione per i miei panorami romantici; è durato otto mesi. Degli uomini che potrebbe aver frequentato nella Capitale non so nulla e non posso chiedere a Roma che, come tutti sanno, è una città che racconta un sacco di bugie sul proprio conto, soprattutto a noi piccole cittadine provinciali che dobbiamo sempre sorbirci le sue storie mirabolanti e le sue patetiche leggende.

Adesso scorgiamo Diletta entrare nella merceria di Giusto e abbracciarlo. Si vedono quasi tutti i giorni e ogni volta si abbracciano e si baciano su entrambe le guance. Strane usanze caratterizzano gli esseri umani ma talvolta non sono usanze sgradevoli. Mi piacciono le persone soprattutto quando sono allegre. Molte città come me vengono spesso definite "ridenti" ma io non ho mai sentito nessuna di esse ridere. Ma Diletta lo fa spesso, soprattutto quando racconta una delle sue resistibilissime barzellette.

"Allora, ascolta bene. Una signora di Tarquinia si presenta al locale commissariato di polizia per denunciare la scomparsa del marito. I poliziotti assicurano che, non appena in possesso di qualche notizia, si sarebbero fatti sentire. Infatti, un paio di giorni dopo, una mattina, due agenti suonano alla porta del suo appartamento e le dicono "Deve venire con noi. Abbiamo trovato un cadavere dietro la Chiesa di Sant'Agostino che potrebbe essere suo marito. Purtroppo è completamente svestito e (non si impressioni) ha la testa devastata ed è irriconoscibile. Ma può darsi che lei possa riconoscerlo da qualche dettaglio...". La donna si precipita sul luogo del ritrovamento, guarda con attenzione il corpo nudo dell'uomo, in particolare la parte pubica e poi, risollevata, dice agli agenti "Ma no, quando mai, questo non è mio marito ...anzi, a guardarlo bene, non è neppure uno di Tarquinia!"

Giusto ride ancora una volta. In verità ha sempre ritenuto inappropriata questa abitudine di raccontar barzellette in una donna raffinata come Diletta ma non è questa l'unica, e neppur la più importante, delle abitudini della sua amica che non ritiene commendevole. Almeno non in una donna in generale, perchè a lei perdona tutto." Meno male che ci sei tu, Diletta, che vieni qualche volta a raccontarmi un barzelletta, oppure io qui dentro morirei d'inedia. " Poi, facendosi un poco più serio "Lo sai che in paese non tutti gradiscono il tuo modo così spigliato di fare e ti giustificano solo perchè sei una femminista? Perché tu sei ancora femminista o sbaglio?" Mentre parla, Giusto già preconizza la reazione seccata dell'amica. Ha avviato un argomento particolarmente spinoso e lo sa bene. Tutti, infatti, sono a conoscenza del velenoso diverbio (con relative maleparole e minacce di querela) di cui Diletta è stata protagonista nell'ambito di una assembla di donne impegnate in politica. "Essere considerata femminista non mi dispiace affatto, Giusto, anzi ne sarei orgogliosa se il femminismo fosse ancora quello di un tempo e non quello di oggi..." I veleni dell'animato contrasto assembleare si fanno evidentemente ancora sentire. "E quale sarebbe la differenza?" "Giusto, tesoro, non far finta di non sapere che per secoli tutti i conferimenti di diritti ottenuti dalle lotte sociali e politiche riguardavano esclusivamente gli uomini. Non ho bisogno di citarti Harriet Martineau, che di certo tu non conosci anche se fai si con la testa, per dimostrarti che sino a non molti decenni fa il mondo si reggeva sullo sfruttamento di una metà dell'umanità ad opera dell'altra metà, a cui peraltro era spesso sottratta ogni libertà di scelta anche in ambito privato. Ma, almeno in Occidente, questo problema è in via di avanzata risoluzione e – nonostante ciò o forse a causa di ciò – il femminismo ha subito negli anni una insopportabile degenerazione." "Cioè" "E' diventata misandria, odio per il maschio in quanto maschio. Grazie no, l'affare non mi interessa più. A me gli uomini piacciono, piacciono moltissimo. Non vivrei bene in un mondo senza maschi, oppure con maschi impauriti e problematici. Nelle mie classi ho allieve intraprendenti e sicure di sé e maschi introversi ed involuti, hanno certe facce da sfigati, sono pieni di insicurezze e timidezze. Dove andremo, anche noi donne, con questo genere di uomini? Finiremo per importare maschi autentici dall'estero, dai paesi dove il virilismo ancora esiste, magari anche troppo, rischiando così di rimettere in gioco tutte le conquiste ottenute e ricominciare da capo" Giusto ascolta in silenzio "Non riesco mai a capire se scherzi o dici sul serio. Non riesco proprio a capire..." "Non ci far caso, ai maschi capita spesso quando si parla di questi argomenti.."

Tocca qui fermarci un poco per spiegare quale fosse il problema che irrita la sempre solare Diletta e, a tale scopo, è necessario in poche righe fare il punto – almeno secondo quando hanno scritto al riguardo due grandi intellettuali quali Robert Hughes e Pascal Bruckner - sul ciglio in cui è giunto oggi, quanto meno in alcune parti del globo, il movimento femminista, quel femminismo che Diletta chiama "la quarta ondata" o il "femminismo tossico". Le motivazioni che abbiamo sentito nella merceria di Giusto non sono tutta la verità. Essendo io una città, e pertanto femmina (siamo tutte femmine a parte un collega egiziano, peraltro infrequentabile) credo di esserne legittimata ad esprimermi al riguardo. Diletta, come moltissime altre donne e anche non pochi uomini, aveva amato il femminismo e lo aveva salutato come una benefica ventata di giustizia sociale e di liberazione dei costumi. Ma negli ultimi anni le cose sono degenerate e quel movimento, saldatosi con quello LGBT+ (in particolare con la fazione lesbica), è profondamente mutato radicalizzandosi in una opposizione globale e acritica al maschio. La "lotta al patriarcato" non è più intesa come una forma di liberazione ed emancipazione ma come un dovere di demolizione di ogni istituto, concetto o legame che sia riconducibile non solo alla famiglia tradizionale ma alla stessa coppia eterosessuale. Qualsiasi donna che accetti di legarsi ad un uomo, secondo questo femminismo tossico, ne rimane sempre assoggettata perchè nessun maschio è in grado di sottrarsi al suo ruolo di prevaricatore e sfruttatore. "Patriarcato" pertanto cessa di essere un termine riferito ad un passato di violenza e incomunicabilità ma diventa un modello eterno di rapporto di potere, qualsiasi società ove sia presente in modo significativo una componente maschile sarebbe da definirsi patriarcato. E' l'eterosessualità ad essere messa ormai sul banco degli imputati, non nel senso di una sua parificazione con l'omosessualità (che sarebbe opinione legittima), neppure nel senso di una superiorità della omosessualità rispetto alla eterosessualità, (che sarebbe opinione assai discutibile ma comunque come tutte le opinioni anch'essa legittima) bensì nel senso che (secondo queste femministe) solo il rapporto lesbico sarebbe un vero rapporto amoroso e quello eteresessuale, sempre e in ogni caso, un rapporto violento e prevaricatore. Secondo la femminista Andrea Dworkin, infatti, "la donna durante l'amplesso è uno spazio invaso, un vero e proprio territorio occupato, in senso letterale; occupato, anche se non c'è stata resistenza, anche se la donna dice si, ti prego, ancora, ancora" Secondo queste femministe, la donna non dice mai veramente di si, anche quando lo dice. Geneviève Fraisse, altra intellettuale oggi di moda in Francia, denuncia che ogni accoppiamento eterosessuale è di fatto uno stupro. L'eterosessualità, sostiene ancora un'altra esponente del femminismo tossico, tale Virginie Despentes, "è naturale quanto il recinto elettrificatore all'interno del quale si fanno pascolare le mucche". Appare evidente che, in questa fase, il femminismo è egemonizzato dalla parte più radicale della sua componente lesbica.

Immaginate quanto queste idee potessero piacere a Diletta, a cui gli uomini piacevano e molto e che gridava spesso numerosi "si!" sinceri e soddisfatti. In una assemblea, pertanto, si era avventata contro queste idee, peraltro minoritarie anche negli ambienti femministi, ma le radicali l'avevano accusata di essere ancora asservita al maschio e di voler rompere il patto di sorellanza. La persecuzione era continuata anche nei giorni successivi e Diletta aveva pertanto deciso di rompere del tutto con un movimento politico che l'aveva in passato tanto appassionata

Ad ogni modo, se questi discorsi cominciano ad annoiarvi quanto hanno già annoiato me, si potrebbe lasciare i due antichi compagni di classe alle loro discussioni e dare un'occhiata alla famosa merceria di Giusto. Alcuni suoi amici, con quel pizzico di sadica malevolenza che solo i migliori amici sono in grado di esprimere, dicono spesso che "in fondo non è gran cosa". Hanno purtroppo ragione. Il negozio è assai modesto e non sembra in grado, da quel poco di clienti che vi mettano piede, di garantire un reddito sufficiente a Giusto, che, probabilmente, sopravvive grazie ai suoi risparmi e alla piccola rendita fornitagli dal denaro lasciatogli dal padre, un paio di anni scorsi. Ben diverso era l'andamento del negozio di tessuti che aveva aperto in società con Donato e che aveva chiuso in modo così rapido ed incomprensibile da gettare tra gli sfaccendati di T. qualche sospetto, atto ad alimentare discussioni tra i tavoli del Caffè del Duomo. Sono certa che, prima o poi, Diletta gli chiederà il vero motivo per il quale quella società andò in malora. "E perché la tua società con Donato è stata sciolta, quando gli affari andavano così bene?" Accidenti! hanno cambiato discorso e non me ne ero accorta e hanno persino preso finalmente l'argomento che più mi interessa.

"Donato è mezzo pazzo" inizia Giusto "ma gli voglio bene. E' stato un amico per me, per molti versi lo considero ancora tale. Eravamo un pochino come il freno e l'acceleratore, io cauto e lui spericolato. Ma insieme funzionavamo. Al negozio, io mi occupavo di più della contabilità, dei rapporti col commercialista e dei fornitori. Lui, invece, nelle vendite era eccezionale. Il venerdì, giorno di mercato, venivano decine di clienti da tutta la provincia e venivano per lui, io lo sapevo. Donato ti incanta col suo amore per la vita, con la sua allegria e la sua sregolatezza..." "Si, lo so" interrompe Diletta "lo conosco bene. E' un mattacchione. Del resto è di Montalto di Castro. Vuoi trovare qualcuno sano di mente che venga da Montalto? Non mi racconterai che hai rotto il tuo rapporto commerciale solo perchè Donato è svitato?" "No" dice con una smorfia il nostro merciaio "l'ho interrotto perché non volevo spezzare una lunga amicizia, non volevo discussioni, non volevo fargli del male, non volevo mandarlo in galera..."

Raramente capita a Diletta di rimanere in silenzio. Qualche volta, quando un suo allievo risponde ad una sua domanda con una corbelleria da ignorante patentato, finge di tacere ma, con gli occhi rivolti al cielo e i palmi delle mani volti in atto di preghiera, dimostra che vorrebbe parlare ma che si impone il silenzio per non essere imputata, tra le tante accuse, anche di turpiloquio. Ma non era questo il caso. "Si, non volevo mandarlo in galera.

Ho scoperto che Donato aveva fatto versare dai clienti più importanti il saldo delle fatture direttamente sul suo conto personale e che, per non farmene accorgere, aveva occultato le intere transazioni. In altre parole, le stoffe sparivano dagli scaffali ma io non riuscivo a capire dove fossero finite perché contabilmente non mi risultavano mai pervenute". "E tu... lo hai affrontato? Gli hai chiesto spiegazioni?".

"No, Diletta, non l'ho fatto. A cosa sarebbe servito? Detesto le discussioni. Le cose vanno come devono andare. Gli ho proposto di chiudere la società e mi sono persino quasi scusato per quella decisione. Abbiamo diviso quanto rimasto in parti uguali e, almeno apparentemente, siamo rimasti amici. Io con la mia parte ho messo su questa merceria, lui ha aperto una specie di sala giochi. Qualche volta, visto che il suo esercizio la mattina è chiuso, viene persino a trovarmi e mi offre un caffè. Discutiamo della Viterbese o della Lazio e lui mi parla di donne che io non conosco. Tutto qui"

Questo riferimento alle donne di Donato sembra

rabbuiare Diletta. Ma è solo un attimo. "Cosa significa *tutto qui!*" esclama "Tu pensi che il tuo sia buon carattere, Giusto? Ti sbagli, si chiama accidia, debolezza, corriva arrendevolezza a chi ti fa del male! Almeno, ti ha spiegato i motivi del suo comportamento?"

Ma in verità i motivi erano noti a tutti. Io, infatti, sono una piccola città, certamente assai bella ma non certo uno scrigno di divertimenti e piaceri per persone dalla condotta poco meditata, come Donato. Si era creata una colonia di sfaccendati danarosi - tra cui alcuni avevano intravvisto anche Valente, il fratello di Giusto – che si riunivano la sera in un villino tra le campagne che degradano verso il lago. Passavano il tempo a giocare a carte e si dice che su quei tavoli siano transitati da una mano all'altra, da un portafoglio all'altro, interi patrimoni. Donato era un giocatore dalle incostanti fortune. Talvolta vinceva molto, talaltra perdeva moltissimo. E i debiti di gioco, si sa, vanno pagati in tempi strettissimi, tempi che, per il socio di Giusto, indicavano una sola strada da percorrere, quella dell'appropriazione indebita. Diletta è a conoscenza di tutto cio? Certo che lo è, ma non vuole tener conto di ciò che considerava ingiusto o moralmente ingiustificabile, non ne vuole neppure ammettere pubblicamente la conoscenza, come se questa ne rappresentasse comunque una forma di legittimazione, una presa d'atto, un'accettazione. Sei un giocatore, un debole, un incapace? Si tratta di un problema tuo. Il tuo comportamento deve comunque essere irreprensibile e ogni tua debolezza è semmai un'aggravante, non certo una giustificazione. Un modo di pensare comune in molti magistrati inquisitori e nei moralisti medioevali, tipico sovente (certamente nel caso di Diletta) di una onestà adamantina e di un carattere non disposto a cedimenti o mediazioni nei confronti del Male. E' magnifica Diletta così adirata ed è significativo che tanta ira sia rivolta proprio contro Donato che, almeno fisicamente, a Diletta piace molto e non lo nasconde. Ma, anche se può apparire meno palese, le sue accuse a Giusto sono ingenerose e il comportamento di quest'ultimo, la sua accettazione delle debolezze dell'amico, la sua comprensione del torto subito consentono di intravvedere quella che non difficile definire una sorta di "compassione" per Donato. Il saggio Eustazio lo avrebbe certamente approvato e sarebbe stato solidale con lui.

"Va bene" cambia discorso la donna "parliamo di questioni più pratiche. Sei poi andato a Viterbo per quelle analisi?" Giusto si rabbuia un po'. "Si, sono andato. Avrò i risultati nel primo pomeriggio."

Diletta si rende conto che ormai deve andare via ma non ama lasciare il suo amico in un clima emotivo che non sia lieto e sorridente. "A proposito di analisi...la sai quella del carabiniere che era preoccupato perchè doveva fare gli esami del sangue"? L'espressione di Giusto si fa ironica. "Si la so. Scusami, Diletta mia, ma è veramente troppo vecchia per fingere di non conoscerla."

Capitolo terzo: *L'ora dell'aperitivo, tra malvagità, diritto e discorsi escatologici.*

Nella bella stagione, i miei abitanti amano prendere l'aperitivo e vi sono molti locali, tra le mie piazzette avvolte da piante arrampicanti, che ne offrono di ottimi. In verità, come è noto a tutti gli estimatori di questo rito, esistono due tipi di aperitivi. Quello precedente alla cena, così ricco di stuzzichini da sostituire spesso la cena stessa e quello che si pone assai prossimo al pranzo, molto più semplice e meno conviviale ma certamente più adatto per parlare di affari, questioni pratiche o scambiarsi utili maldicenze. Per questo secondo genere, perfetto è l'aperitivo del Caffè del Duomo che presenta la duplice qualità di consentire di veder bene tutti quelli che passeggiano sulla via principale e i tavolini sufficientemente distanziati per poter sussurrare cose che non si intende far conoscere al volgo.

In uno di questi tavolini, ridono amabilmente Valente – il fratello di Giusto di cui abbiamo già accennato – e Fortunato, un vecchio cliente del nostro amico imbaffettato che è rimasto in ottimi rapporti con lui e che si accinge proprio ad andare a pranzo a casa di Giusto, come abitudine quasi tutti i venerdì, giorno di mercato.

Ad un certo punto i due scorgono transitare, trafilato come sempre, don Felice e lo chiamano sonoramente "Reverendo! Ma dove vai? Vieni a seterti un attimo con noi!" Felice non è proprio entusiasta dell'invito, ma cerca di non darlo a vedere "Mi hanno detto" esordisce a bruciapelo Valente " che ti hanno visto, anche questa mattina alle sei, sgambettare in mezzo ai campi con quello scemo di Giusto. Ma almeno vi metteste una tuta e faceste un pochino di attività fisica, che non vi farebbe male...dimmi la verità, a cosa vi serve questo cammino peripatetico?" Felice cerca di cambiare discorso. "Non ci credo" continua Valente "Non ci credo alle passeggiate filosofiche. Immagino che il fratellino approfitti del suo buon rapporto con lo stimato parroco per sfogarsi e parlare male di me" "E perchè Giusto dovrebbe parlar male di suo fratello?" chiede Fortunato, istigando tuttavia in Felice il sospetto che già conosca la risposta. "Ma è ovvio. Per il fatto dell'eredità." "Cioè? Io so che avete diviso, in buona pace, il ricavato della Palazzina Liberty e che Fosco non aveva lasciato particolari altri beni".

A questo punto, il discorso cade inevitabilmente sul fatto della cassaforte. Come qualcuno forse ricorderà, Fosco, il padre di Giusto e Valente, aveva chiamato al suo capezzale i figlioli e aveva detto loro che intendeva intestare la Palazzina Liberty a Giusto mentre a Valente lasciava il contenuto della cassaforte ove era custodita una ingente somma di denaro in contanti. Tuttavia, quando, dopo la morte di Fosco, fu ritrovata una chiave e aperta la cassaforte, la stessa risultò vuota.

"Giusto mi ha detto " si inserisce don Felice "che nessuno era in possesso di quella chiave e che pertanto quel denaro era probabilmente solo il vaneggiamento del povero papà".

"Caro parroco" fa Valente "guarda che dire bugie è un peccato!" "Non capisco, quali bugie?" "Giusto non può aver detto questo. Lui è perfettamente a conoscenza del fatto che io fossi in possesso della chiave, perché papà me la consegnò in sua presenza e sono certo che avesse persino visto il denaro. Quindi, non mi raccontare sciocchezze. Giusto ti avrà certamente riferito che io sono un ladro e che mi sono impossessato del denaro contante e, dopo di ciò, ho anche preteso la divisione del ricavato della palazzina". "Ti assicuro " ribadisce il sacerdone "che mai, in nessuna occasione, ho sentito tuo fratello muoverti queste accuse! Lui ha sempre detto che quel denaro era solo un vaneggiamento di Fosco".

Fortunato ascoltava questa conversazione con divertita partecipazione. Era un uomo sulla cinquantina, pretenziosamente elegante, anche se provvisto di una pessima capacità di abinare i colori che gli faceva sempre indossare la cravatta sbagliata. Si definiva "uomo d'affari" ma in realtà la sua principale occupazione era la gestione di alcune tenute di campagna che il padre (che qualcuno sospettava dedito all'usura) aveva in tempi rapidi acquisito nel mio territorio e lasciatogli in eredità. Si atteggiava a intellettuale e "bonvivant" ma, nonostante un indubbio spirito brillante, non aveva l'animale vitalità di Donato o la spregiudicatezza morale di Valente. Era tuttavia molto amico di entrambi, oltre che di Giusto ovviamente. Diceva di tenerci molto all'amicizia di Giusto, anche perchè, aggiungeva sempre, la moglie Selvaggia cucina meravigliosamente.

"Strano che Giusto dica questo " si inserisce Fortunato "non ci credo che sia così sprovveduto!" Felice oppone uno sguardo interrogativo e Valente si sente invitato a proseguire. "Non è sprovveduto, è semplicemente consapevole. Giusto sa benissimo che quel denaro era mio. Erano contanti e i contanti sono al portatore. Chi se li prende, sono suoi. Se mio padre avesse voluto veramente dividere la proprietà in quel modo folle, regalando a mio fratello la palazzina più bella di T., avrebbe dovuto metterlo per iscritto. Ma non lo ha fatto e quindi io ho preso solo ciò che mi spetta di diritto. Tu, Fortunato, ti intendi un pochino di legge, dimmi, non ho forse ragione?" Fortunato raccoglie le mani e fa ampi segni di assenso con la testa.

"Perfettamente ragione. Forse Fosco non conosceva la legge, ma, come noto, *Ignorantia legis non scusam"* L'orrenda cacofonia del motto latino storpiato si diffonde tra le mie mura e io sento le ossa dei miei antichi abitanti romani che fremono di indignazione.

"Ma cosa c'entra le legge!" esclama don Felice "qui si tratta di correttezza, di rispetto della volontà del defunto, di amore per la verità. Non dimenticare, Valente, che in fondo tu non hai figli mentre Giusto è da poco papà della piccola Serena, non credi di aver anche defraudato tua nipote?"

Il sacerdote ha leggermente alzato la voce, suscitando qualche curiosità nei vicini di tavolo. Gli altri commensali fanno ampi sorrisi, come se stessero scherzando o raccontando qualche aneddoto spiritoso. Poi, Valente, facendosi serio, risponde con una espressione ironica ma anche dura "Reverendo, tu parli bene ma non hai idea di cosa sia stata la mia vita a casa di mio padre, dopo la morte di nostra madre. Papà non aveva occhi che per Giusto, così tranquillo, così responsabile e giudizioso, io, invece, ero una specie di monello senza regole, un inaffidabile, uno sbaglio. Si, proprio uno sbaglio. Mio padre mi confidò, urlandomelo in viso un giorno che era particolarmente adirato, che solo perchè era quasi ubriaco aveva generato un secondo figlio. Uno era più che sufficiente per lui. E Giusto, con quel suo fare ipocritamente servizievole, sembrava ogni giorno riconfermarlo nel suo giudizio. Io, ti assicuro, volevo bene a mio padre; sarei stato felice di vederlo orgoglioso di me. Ma io per lui ero incapace di fare qualsiasi cosa che fosse buona. E allora, va bene, se sono inaffidabile, perchè avrei dovuto dimostrarmi affidabile quando mi ha consegnato le chiavi della cassaforte? Perchè avrei dovuto dividere con mio fratello, quando questi mi ha rovinato l'infanzia e l'adolescenza e quando, peraltro, la legge era dalla mia parte?" "Ma per Serena, tua nipote..." ripete Felice "Non ti rendi conto che stai derubando anche la figlia di Giusto?" "Il fatto che Giusto abbia figli e io no dimostra, ancora una volta, che io ho ragione e lui torto. Quanti bambini vedi qui intorno? "Non ne vedo, ma cosa vuol dire?"

"Spiego io, reverendo, se mi consenti", fa Fortunato, inserendosi con tono pacificatore, "ne stavamo proprio parlando prima che ti vedessimo passare. Stavamo commentando che le sezioni della scuola elementare quest'anno sono passate da quattro a due e nessuna supera i venti elementi. Quando noi tutti eravamo scolari, le sezioni erano sei e si facevano persino i doppi turni. Nel resto d'Italia, poi, il fenomeno è ancora più evidente e quest'anno, per l'ennesima volta, il numero dei morti supererà nettamente quello dei nuovi nati. Le coppie sono ormai nella stragrande maggioranza senza figli e non ne vogliono. E, questo è indubbio, sono proprio le coppie senza figli le più felici, le più ricche, le più giovanili, quelle che si godono la vita e hanno meno responsabilità. Gli italiani sono ormai giunti alla conclusione che fare figli è un atto da idioti e giustamente non vogliono essere loro a assumere questo ruolo. Del resto, voi preti lo avete sempre saputo, non è cosi? Voi i figli non li fate o, se li fate, li mettete sul conto degli altri!" E ride, convinto di aver detto qualcosa di molto spiritoso."Confermo" aggiunge Valente" un atto da idioti. L'unico abitante di T. che abbia fatto figli e che io conosco è Giusto. Un idiota, appunto. Non solo idiota ma, come ti dicevo, cosciente di esserlo. Da quando la moglie ha partorito, si è intristito, impoverito, si mette a fare filosofia, lui, che non sa completare neppure le parole crociate!" "Non essere severo con tuo fratello!" sospira Fortunato a cui piace fingere la parte del moderato "piuttosto è Selvaggia che ha pagato il prezzo più alto di questa follia della maternità. Si è come sfiorita, povera donna, lei che è sempre stata, come dire, una bella... figliola". L'espressione che aveva in mente era più colorita ma la presenza di un prete deve aver fatto da deterrente. Ma don Felice sembra ormai pensare ad altro. "Come fate" esclama con tono interrogatorio" a parlare di felicità delle persone che non hanno figli? E che razza di felicità sarebbe? Una felicità meramente consumistica, vuota, egoistica, autoreferenziale... una felicità destinata ad assottigliarsi col passare degli anni, divorata dalla mancanza di senso, dal vuoto esistenziale, dal dramma della vecchiaia, da una morte che ti condanna alla dimenticanza, al regalo dei tuoi sacrifici a sconosciuti, alla cancellazione del tuo nome e del tuo ricordo. Questa è la felicità di chi non vuole figli!"

"Caro reverendo" lo interrompe Fortunato, sfoderando uno dei suoi sorrisi più luminosi, "mi piacerebbe esaminare questa questione in profondità con te ma, purtroppo all'una devo essere a pranzo a casa di Selvaggia e Giusto, come ogni venerdì, e non ne abbiamo il tempo. Lasciami tuttavia dire, mio caro amico, che tu non sembri un sacerdote di neppure quarant'anni, inserito in questo nostro mondo moderno e tecnologico, ma un vecchio monsignore del dopoguerra, ancora carico di pregiudizi e convincimenti che persino il nostro amato Papa Francesco sembra avere superato. Immagino che tu non abbia mai letto Zygmunt Bauman, ma certamente ne avrai sentito parlare..". "No, mi dispiace" risponde Felice "non conosco questo signore. Io però ho letto i Vangeli. Immagino che anche di questi tu ne abbia sentito parlare..." Fortunato ride. Anche Valente ride. Anche se probabilmente non è perfettamente consapevole del motivo. "I Vangeli! I Vangeli!

Certo. Certo. Permettimi un altro consiglio di lettura: Dai un'occhiata al libro "Gesù non l'ha mai detto" di Bart Ehrman; scoprirai, caro reverendo, che i Vangeli non sono un verbale stenografico della parola di Gesù Cristo. Riportano "più o meno" quello che ha detto, le poche cose che ci sono pervenute dopo tante trascrizioni sempre incomplete e spesso infedeli" "I Vangeli sono affidabilissimi." replica Felice " se non ci piace quello che vi troviamo scritto, dovremmo essere noi a cambiare e non cercare di cambiare le scritture!" "Va bene, va bene, come dici tu. Ad ognuno il suo mestiere. Se tu ritieni che i tuoi Vangeli riportino fedelmente il pensiero di Gesù Cristo, pensi una stupidaggine ma fai come credi, non è questo il punto. "E' quale sarebbe il punto?" "Il punto,, caro don Felice, è che nessuno oggi - ma si tratta di un fenomeno che ha origine nell'Illuminismo e forse anche prima - crede più che esista qualcosa a questo mondo di eterno e assoluto. Tutto è relativo. Quello che andava bene ieri, non va più bene oggi. Quello che era verità ieri, può essere menzogna oggi e viceversa. I rapporti sentimentali erano un tempo destinati al matrimonio, cioè ad un tipo di legame che potenzialmente era per tutta l'esistenza. Oggi per fortuna non ci crede più nessuno. Se qualcuno dovesse chiedere a quelli della nostra generazione il motivo per il quale preferiamo convivere piuttosto che sposarci, tutti risponderemmo probabilmente che intendiamo in questo modo rifiutare l'ipocrisia e il formalismo del contratto matrimoniale. Certo, vi è anche questo, ma il vero motivo è che un legame che pretenda, sia pure solo in linea teorica, di durare tutta la vita è ridicolo, anacronistico, novecentesco. Oggi sappiamo che tutto si modifica e si modifica rapidamente e se una donna o un uomo ti piace, libera o sposata che essa sia, bisogna prenderla oggi, perché domani potrebbe aver cambiato idea o potresti aver cambiato idea te. Il mondo, caro reverendo, è, come dice Bauman, "liquido", non ha forma, se non per qualche istante, dobbiamo vivere cercando di cogliere questi attimi e non pretendere l'assoluto. Peraltro, lasciami dire che vivere senza seguire tutti i tuoi immortali feticci, è molto più divertente."

Felice rinuncia ad aggiungere qualcosa. Del resto, è ben consapevole che non servirebbe a nulla. Fortunato è fatto così e non c'è nessuno tra le mie mura che non lo sappia. Almeno quattro belle signore della Tuscia, tutte ovviamente sposate, sono state raccontate in ogni guisa al bar del Duomo, con grande accompagnamento di facezie. Anche se tutti conoscono il loro nome, lui afferma di averlo dimenticato e preferisce chiamarle "quella che grida quando viene" o "quella che vuole le parolacce" o altre amenità del genere. Fortunato a Felice ricorda il cuculo, l'uccello che ruba il nido agli altri volatili e lo fa non perché malvagio ma perché, non essendo in grado di allevare i propri piccoli, deve trovare qualche altra specie che lo faccia per lui. Nello stesso modo, il nostro casanova di provincia, non essendo in grado di creare rapporti affettivi autentici, deve rivolgersi a donne che già ne hanno, seppur in crisi, per godere del rapporto di coppia solo la parte meno impegnativa e più divertente, l'unica che gli interessi.

Capitolo Quarto: *Un pranzo in famiglia, con una brava moglie e un buon amico.*

Per raggiungere l'abitazione di Giusto conviene parcheggiare vicino a Via del Teatro, adiacente al teatro nuovo, costruito sull'area in cui un tempo sorgeva il Palazzo del Podestà e la Torre del Bacello. Questa torre, costruita su un bastione romano crollato centinaia di anni fa, crollò di nuovo intorno al 1700 e fu ricostruita ancora una volta per ricrollare nel 1954. Alcuni intendevano pervicacemente rimetterla in piedi ancora una volta (magari per dar inizio ad un altro ciclo di crolli) ma, alla fine, si optò per edificare al suo posto un teatro. Questi sono gli esseri umani che mi piacciono, quelli che costruiscono manufatti che impreziosiscono il territorio e, se crollano, li ricostruiscono o ne fanno di nuovi. Purtroppo ne esiste anche un'altra perniciosa tipologia: quelli che, invece di costruire, distruggono e che ritengono che la distruzione possa rappresentare un miglioramento. Ho visto statue abbattute solo perché agli uomini dell'epoca non piacevano i personaggi che esse raffiguravano, edifici demoliti solo perché erano stati adibiti a culti ormai desueti, biblioteche date alle fiamme solo perché alcuni libri contenevano idee ostili alla cultura dominante e altri barbari comportamenti che non riesco a ricordare senza provare dolore e vergogna per gli umani. L'antica biblioteca di Alessandria d'Egitto, frutto di secoli di raccolta meticolosa di ogni opera scritta nell'antichità e che conteneva testi di cui oggi gli studiosi piangono la scomparsa, non fu distrutta da un terremoto, come fui io nel 1971, e neppure da un incendio accidentale; fu data alle fiamme da uomini fanatici che ritenevano che il contenuto di quei libri fosse "malvagio" per il solo fatto che non era in sintonia con i loro pregiudizi e che erano convinti fosse loro diritto "riscrivere la Storia". La Storia non va riscritta, mai, per quanto possa esserci odiosa e i popoli vinti o le idee sconfitte vanno entrambi rispettati, perchè appartengono all'universo e al disegno divino esattamente quanto i popoli vincitori e le idee trionfanti. Se l'umanità avesse seguito questo obbligo morale, oggi io avrei ancora molti monumenti ed opere civili etrusche e templi e biblioteche e canzoni di quel popolo pacato e civile. Invece mi devo accontentare di ruderi cimiteriali.

La casa di Giusto era comunque relativamente antica. Una palazzina dell'Ottocento, ampiamente restaurata dopo i noti fatti, e abitata da tre famiglie e da una vedova, Benedetta, che occupava il pianterreno e che, dietro un modesto compenso, si occupava anche delle pulizie sulle parti comuni. Giusto aveva simpatia per la signora Benedetta, che ricambiava con un fare materno e protettivo. La vedova aveva un figlio dell'età di Giusto ma che non veniva quasi mai a trovarla da quando si era trasferito in Germania e Giusto, anche se non gli somigliava affatto, le ricordava in qualche modo quel figlio lontano, che non trovava mai il tempo neppure per una telefonata. Anche oggi Giusto la saluta nel solito modo "Benedetta sia sempre la signora Benedetta!" e anche oggi la vedova risponde ironica "amen!" "Sbrigati Giusto, che credo che tua moglie abbia già tolto dal forno la lasagna e poi...è già arrivato quel tizio...quel tuo amico" E' evidente che Fortunato non le sta simpatico. Giusto crede anche di comprenderne le ragioni da quando lo ha visto passare nel cortiletto appena lavato senza neppure chiedere scusa alla povera donna che costringeva a ripulire di nuovo. Fortunato è un po' arrogante, lo sa bene, ma è un bravuomo che non dimentica mai, ogni venerdì quando viene a pranzo, di mandare i fiori a Selvaggia e un regalino alla piccola "Mah, sarà...ma io di bravuomini da queste parti, a parte te, non ne conosco. Alcuni fanno finta di esserlo, come il lupo fa finta di essere agnello, quando gli conviene. Vai, Giusto, vai, che la lasagna si fredda!" In effetti, l'odore della pasta appena uscita dal forno già perviene intenso dalla piccola rampa di scale che Giusto sale velocemente. Ad attenderlo c'è Selvaggia con ancora le presine sulle mani e un bel sorriso sul viso. Sua moglie è una bellissima mora dalle forme moderatamente generose e dalla carnagione bianca e luminosa. Si conoscono praticamente da ragazzi e lei, per motivi incomprensibili a molti, è sempre stata pazza di lui. I suoi familiari e molte delle sue amiche non erano di certo felicissimi per quell'innamoramento veemente e irrazionale. Giusto era certamente un bravo ragazzo e di discreta famiglia ma troppo mite, introverso, poco ambizioso, alto ed elegante ma dal fisico gracile e dai sottili baffetti tagliati in modo antiquato. I genitori ritenevano che la figlia, intelligente oltre che bella e ammirata dalla generalità maschile della città, meritasse di meglio. Ma Selvaggia non aveva voluto sentire ragioni e avrebbe accettato qualsiasi sacrificio pur di passare la sua vita accanto al ragazzo che amava. All'inizio le cose tra di loro erano andate alla perfezione e Giusto, con i buoni affari del suo negozio di tessuti e con la prospettiva di ereditare il palazzetto più noto di T., aveva messo tutti a tacere. Ma anche quando le cose hanno preso un verso sbagliato, Selvaggia era rimasta fieramente vicina al suo uomo; aveva licenziato la donna di servizio e imparato a cucinare ancora meglio, aveva diminuito le sue spese e non si era mai lamentata. Selvaggia adorava Giusto. Avrebbe ceduto un rene, se fosse stato necessario. Raramente, nella mia plurisecolare esistenza, ho visto donne altrettanto innamorate.

"Amore, siamo a tavola!" . Giusto entra nel salone e, baciando velocemente la moglie, getta uno sguardo verso la finestra, dove di solito il venerdì campeggia un vaso pieno di fiori. "Fortunato ha portato i fiori anche oggi?". "Certo che li ho portati!" escalma l'amico alzandosi dal divano in cui era sprofondato "non dimentico mai i fiori per la più bella signora della città" "Non dovevi" gli replica Giusto, facendogli cenno di accomodarsi a tavola "sono ormai due anni che, ogni venerdì, dopo il mercato, vieni a pranzo da noi. Sei uno di famiglia ormai, l'unico dei miei clienti di un tempo che non mi abbia abbandonato. Non devi più sentirti ospite". Fortunato ribatte che lui non si sente mai ospite, anzi, considera la loro famiglia quasi come fosse la sua e che è grato immensamente a Selvaggia per la sua cortesia e sopportazione di trovarsi ogni settimana tra i piedi un fastidioso intruso. "Basta!" implora la donna "possibile che ogni settimana dovete far sfoggio di tutte queste cerimonie. Alla lunga, sembrano forme vuote e un po' ipocrite."

"Lo sono" dice Giusto. "In che senso lo sono?" domanda Selvaggia, con aria indagatrice. "Certo che lo sono" si inserisce Fortunato " Tutto, nella cosidetta società civile, è ipocrisia e menzogna. Credi forse che alla gente che si scambia il *buongiorno* interessi veramente l'andamento della giornata dell'altro? Oppure quando chiedi *come stai?* veramente ti attendi una risposta sincera e dettagliata sulle malattie dell'interlocutore? Ma no, tu vuoi solo che ti rispondano *Bene grazie!* e disimpegnarti dai convenevoli. Ipocrisia e menzogna, cara Selvaggia! E la cosa grave è che noi le bugie più grosse le raccontiamo a noi stessi: diciamo *"non sapremmo vivere senza i nostri figli, hanno dato senso alla nostra esistenza!"* e invece ce l'hanno resa un inferno, ma chi direbbe, senza arrossire di vergogna "stavo molto meglio prima che questi diavoli prepotenti e fastidiosi non apparissero all'orizzonte"? Giusto interviene per dire che la nascita di Serena, a lui e Selvaggia, ha veramente dato un senso alla loro esistenza e veramente non saprebbero più vivere senza di lei. "Ma lo so. Non parlo di voi. Voi siete una coppia meravigliosa!" esclama l'amico "ma il resto del genere umano non sono mica come voi, sono egoisti, avidi, arroganti, pieni di pregiudizi, potessi credere in Dio, vorrei una porzione della sua Potenza per annientarne la più parte!"

Giusto sorride, pensando che probabilmente Fortunato, criticando il genere umano pensa un po' anche a se stesso e che quella che appare una condanna senza appello forse racchiude un furbesco complimento. E replica " la conoscete la storia del Vescovo che desiderava possedere una porzione di potenza divina"?

Ma Selvaggia non ascolta più né suo marito né il suo commensale. Guarda il suo uomo e ricorda. Lo ha sposato dopo averlo amato per anni. Un amore appassionato, assoluto, generoso. Non aveva altro desiderio che renderlo felice, non sognava altro che essere una brava moglie e una buona madre. E Giusto meritava, e merita tutt'ora, tanto impegno e amore. E' un bravuomo Giusto, lo è sempre stato.

Serio, affidabile, comprensivo, affettuoso, di buoni sentimenti. Selvaggia ha sempre saputo di aver fatto la scelta giusta. Avrebbe risposato suo marito senza alcuna esitazione. Eppure, dopo la nascita della bambina, aveva cominciato a sentirsi triste, insoddisfatta, incompleta. La vita era quella che aveva sempre desiderato da ragazza, eppure, adesso che aveva un marito e una figlia, un marito e una figlia entrambi adorabili, si scopriva desolata a chiedersi "Ma è tutto qui?". La vita sembrava aver già scritto i suoi capitoli più belli e il futuro che le restava era chiaro, semplice, prevedibile, insopportabile. L'amore di Giusto sarebbe diventato un'abitudine, la figlia un peso ancor più che una gioia, il fisico sarebbe maturato e lei si sarebbe sentita meno bella, meno desiderabile, meno all'altezza di molte sue amiche e conoscenti ancora prive di compagno fisso. Quel futuro non le piaceva. Desiderava qualcosa di meno prevedibile, meno pianificato, desiderava riscoprire le emozioni di un amore che la sorprendesse, la stordisse, le regalasse ancora i brividi dell'adolescenza.

Selvaggia ora guarda, senza ascoltare, Giusto e Fortunato che parlano ancora. Sempre di filosofia o di altri argomenti altrettanto noiosi. Fortunato le è insopportabile quando il venerdì viene a pranzo e passa le ore con suo marito. Ma, per fortuna, viene anche in altre occasioni, quando Giusto non è in casa, e, in queste occasioni, si dimostra un uomo diverso, divertente, stordente e piacevolmente allusivo, affascinante come un panorama esotico, un liquore drogato, un languore in grembo. Eppure, non è un adone. Suo marito è certamente più bello, più alto, più elegante, Ma Giusto le appare ormai come un'immagine algida. Lo ama, lo ama ancora profondamente. Ma non lo desidera più. Desidera l'altro. E il suo desiderio è ricambiato.

"Ebbene, se non la conoscete, ve la racconto" prosegue Giusto "Nel medioevo, un Conte Vescovo, insoddisfatto del proprio potere e ricchezza e avendo saputo che sulle montagne viveva un monaco anacoreta che era a conoscenza del modo di possedere una porzione della potenza di Dio, decise di recarsi da lui per farsi confidare tale segreto. - Dio cede all'uomo solo un particolare tipo della sua potenza, sei sicuro di desiderarla e di essere capace di esercitarla? - chiese il monaco. E, ottenuto un convinto assenso, continuò -Ebbene, recati sulla porta di accesso della vicina città ed io, tra un'ora, ti mostrerò la parte della potenza di Dio che ti è concessa -. Il Conte Vescovo, tutto felice, si pose accando alla porta di accesso della città ad attendere il monaco ma, dopo un'ora e in luogo di lui, apparve un povero vecchio che spingeva un misero carretto pieno di legna. Appena lo videro, alcuni sfaccendati cominciaro ad insultarlo ma lui sorrise facendo segno che ciò non lo infastidiva, allora i malfattori gli sottrassero il carretto e gettarono dal dirupo tutta la legna e il povero vecchio allargò le braccia in segno di comprensione. Infine, costoro cominciarono a picchiarlo selvaggiamente e le grida degli astanti richiamarono due armigeri che arrestarono gli aggressori. Ma il vecchio andò loro incontro supplicandoli di lasciarli andare, sostenendo che la malvagità, anche se priva di pentimento, è già una grave punizione, per tutti i mali che essa introduce nell'animo dell'uomo. E, nonostante l'irrisione di tutti i presenti, malfattori compresi, prese loro le mani pronunciando parole di perdono..

Il Vescovo Conte ritornò quindi dall'eremita, rimproverandolo di non essere venuto a portargli la parte della Potenza di Dio che gli aveva richiesto. Aveva infatti assistito ad un grave torto e se avesse avuto la potenza che desiderava avrebbe incenerito tra mille tormenti i malfattori e consolato la vittima. Rispose il monaco: - Quel vecchio è una delle poche persone che conosca che possieda la sola porzione della "Potenza di Dio" che sia concessa ad una creatura umana e quella potenza divina egli l'ha esercitata sotto i tuoi occhi. La potenza che consola da ogni male e ti pacifica con ogni dolore. Adesso che la conosci, vai ed esercitala pure tu! -

Finita la storia, Giusto si accorge che i suoi due commensali non lo ascoltano più da tempo e si stanno parlando sottovoce. Cerca di sentire quello che dicono ma non vi riesce, parlano troppo piano. Osserva la loro complicità, incapace di esprimere giudizi. Con un sospiro china le spalle e la luce del sole del primo pomeriggio che trapela dalla finestra aperta forma dietro di lui una strana ombra.

Capitolo Quinto. Il mercato del Venerdì, luogo di buoni acquisti e, talvolta, di ottimi incontri.

Il mio mercato, che circonda tutte le antiche mura, chiude alle due del pomeriggio, quando ormai ben poche persone circolano tra i suoi banchi. Ma questo è il momento migliore per gli acquisti dei clienti più avveduti ed esperti che individuano subito il bancone che ha fatto meno affari e il cui titolare sarebbe disposto a cedere a qualsiasi richiesta di sconto pur di non ricaricare sul pulmino almeno una parte della marea di merci che ha scaricato nelle prime ore del mattino. Vi si vende di tutto, in particolare oggettistica per la casa, piante e attrezzi agricoli, piccoli elettrodomestici e qualche tessuto di provenienza estera. Gli avventori sono quasi sempre gli stessi e si può dire che, ogni venerdì, i miei abitanti e quelli dei comuni vicini si diano appuntamento qui con la scusa di comprare il necessario ma coll'intento reale di chiacchierare, assaggiare il vino o l'olio nuovo e contestare la qualità e il prezzo di ogni cosa. E' sempre stato così. Sono centosettantadue anni che io assisto sempre alle stesse scene. Ai tempi dei Romani vi era invece un mercato boario e la compravendita di bestiame era meno divertente, mentre, ancora più anticamente, i miei fondatori etruschi erano troppo levantini per non fare sconti, sia pur dopo interminabili trattative, giuramenti sulla fedeltà delle spose e invocazioni a Tinia, Uni e Menrva - triade di dei bugiardi - a testimonianza della bontà della merce.

Come dicevo, nei nostri giorni, il mercato è allestito solo il venerdì, dalle prime ore del mattino sino al primo pomeriggio, e richiama migliaia di persone da tutta la provincia. Diletta, finite le lezioni, prima di tornare a casa, non manca mai questo giorno della settimana di passare tra i banchi più periferici per acquistare qualche oggetto per la cucina o per la casa, solitamente senza incontrare alcun conoscente. Ma qualcuno quel pomeriggio sembra attenderla. Si tratta di Donato, il socio di Giusto. "Come mai hai deciso di vederci qui?" chiede l'uomo all'insegnante. "Se avessimo fatto, come al solito, a casa mia, avresti cominciato subito con le tue sciocchezze e non saremmo riusciti a parlare di nulla!" replica lei. Donato sorride alla provocazione "pensavo ti piacesse..." dice mentre l'abbraccia accennando ad un bacio ma Diletta non l'asseconda. "Smettila; oggi dobbiamo parlare di cose serie!"

Donato sbuffa. "Le cose serie! Non esiste nulla di serio che non sia anche triste. La malattia è seria, la morte è seria. Sarebbe intelligente ignorare tutte queste perversioni mentali e vivere con leggerezza. Noi siamo persone spensierate, Diletta, perché dovremmo passare questa serata magnifica parlando di cose serie, quando l'alternativa è molto più piacevole?" Nel dire ciò, prende la donna per la cinta e ritenta il bacio. Questa volta con maggiore successo. "Ma è vero?" fa Diletta "E' vero che ti sei appropriato del denaro di Giusto? E' questo il motivo dello scioglimento della vostra società?"

L'uomo ride o almeno cerca di farlo credere. "Certo che è vero! Lasciare il denaro in mano a Giusto è come gettarlo al vento. Quell'uomo mi sta simpatico, intendiamoci, è un brav'uomo ma è anche un emerito sprovveduto, una persona incapace di tutelare i propri interessi. E poi vorrei capire chi ti ha informato di questa vecchia storia, immagino quell'omosessuale del vostro amico prete". Diletta fa un gesto di diniego. "Perché dovrebbe essere stato don Felice?" "Perché Giusto è talmente fesso che potresti rubargli le mutande senza toglierli i pantaloni mentre quel finocchio di prete è furbo e potrebbe aver capito. Ma, ad ogni modo, chi se ne importa. La società è stata liquidata e tutta la documentazione che poteva darmi problemi è andata al macero. Il parroco a cui piacciono i bambini può dire quello che vuole!" Diletta ha il volto arrossato dall'indignazione. "Ma cosa dici? A Felice non piacciono i bambini! Tu confondi gli omossessuali con i pedofili, sei di una ignoranza intollerabile! Inoltre, Felice non ha mai manifestato la propria omosessualità, ne abbiamo parlato tanto quando andavamo all'università, perché è sopravvenuta anche la fede e la vocazione e oggi, come qualsiasi buon prete tradizionalista, viva in assoluta castità". "Bravo idiota!" esclama Donato e poi facendosi suadente " come tu invece ben sai, Diletta mia, io non ho fatto certamente voto di castità e ci siamo sempre divertiti tanto. Non sarebbe il caso di smettare con questi discorsi e andare come ogni venerdi a casa tua a bere qualcosa e a metterci comodi? Mi hanno insegnato un giochino nuovo al mio locale. Solo in teoria, sia chiaro. Ma non vedo l'ora di metterlo in pratica".

I due amanti si avviano lungo l'ampia strada alberata che conduce al Museo Etrusco, oltre al quale vi è la casa di lei. Donato continua a parlare con il suo solito tono eccitato ed esuberante ma Diletta non l'ascolta. L'uomo le piace. Lo considera un maschio magistrale tra le lenzuola e il fatto che sia mezzo matto lo rende ancora più interessante e le fa perdonare qualche eccessiva volgarità. Tuttavia, quando gli ormoni vengono soddisfatti, quello che resta, il nulla che resta, la preoccupa e la intristisce. Forse aveva ragione suo padre quando le diceva che il sesso è sopravvalutato e che a quarant'anni cominciamo a sospettarlo e a cinquanta ne siamo certi. Come sarà lei a cinquanta o sessanta anni, quando un maschio nel letto non le farà alcun effetto o, ancor peggio, nessuno vorrà più entrarci? Ha sempre desiderato uomini intercambiabili, nulla di serio, nulla di impegnativo, per lei femminismo ha sempre significato diritto della donna di scegliere, soprattutto i propri compagni di giochi ma ora le viene il dubbio che, a forza di scegliere e cambiare, si stia rendendo ridicola ai propri occhi e che si sia fatta sfuggire qualcosa di importante che probabilmente qualcuno dei precedenti compagni avrebbe potuto condividere con lei ma che lei non aveva voluto accettare. Ma poi, veramente sarebbe riuscita a vivere una vita ordinaria, accanto ad un uomo comune, avrebbe sopportato la noia, la ripetività, la responsabilità della maternità, la monotonia sessuale?

Vivere accanto ad uno come Giusto? Brav'uomo, Giusto; gli vuole bene, lo rispetta, ma è troppo spirituale, troppo intellettuale, troppo maschio-scemo per lei. Ma con un matto come Donato la prospettiva sarebbe diversa. Il pensiero dell'amico merciaio le fa tuttavia ritornare in mente alcune confidenze ricevute da lui. Non sta bene, sono giorni che si sente debole e un inizio di ittero è apparso nei suoi occhi. Forse soffre di fegato o qualcosa di simile. Era andato a Viterbo per fare delle analisi ma lei si è dimenticata di chiedergli l'esito o forse, quando è andata a trovarlo quella mattina, glielo ha chiesto e poi, nella foga di raccontar barzellette, non l'aveva ascoltato. Non lo ricorda.

"A che pensi?" le chiede Donato, girandosi nel letto. "Pensavo a Giusto, credo che non stia bene" "Sei a letto con me, il maschio più eccitante della Tuscia, e pensi ad un altro uomo?" "Credo proprio che non stia bene" sussurra Diletta, abbracciando l'uomo con una tenerezza di cui non si credeva capace.

Ma Donato non l'ascolta affatto. Guarda quella donna nuda adagiata vicino a lui e si interroga se abbia mai avuto nulla di più bello dalla vita. Lui, che ha sempre amato giocare e che ha perso interi patrimoni e che ha commesso azioni di cui non va fiero, oggi deve ammettere che è stato fortunato, molto oltre i propri meriti. Diletta è la donna più intelligente, più colta, più allegra e raffinata, più sessualmente appagante che abbia mai conosciuto. Si rende conto che non durerà e questo lo rattrista. Nulla dura, ha sempre pensato così. Ma oggi percepisce che vorrebbe tanto avere torto. In fondo, non sarebbe necessario essere un fesso come Giusto per fare qualcosa di concreto nella vita. Si potrebbe tentare un rapporto serio, un mestiere meno aleatorio di gestire un locale-bisca al lago, amici un pochino più affidabili di Fortunato, Valente e quella banda di sfaccendati che lo circondano. Sì, forse si potrebbe tentare. Denaro, in fondo, non manca; potrebbe acquistare un appartamentino dalle sue parti, vicino al mare, con un piccolo giardino dove far giocare i bambini. Certo, tutto questo sembra una follia. Significherebbe legarsi per sempre ad una sola donna. Qualcuno dice che una donna o mille donne non cambia poi molto, il sesso è sempre lo stesso. Ma quel qualcuno è un imbecille. Per Donato cambia moltissimo. Ogni donna è stata diversa e indimenticabile, ogni donna gli ha impresso nella memoria il proprio odore, la densità del proprio umido tra le cosce, il mugolio sommesso o le grida soffocate, la delicatezza del tocco delle mani o delle labbra. Ma ormai le donne del passato sono troppe e i loro volti e i loro nomi si confondono. Non ricorda più nulla tranne il modo divertito ed esuberante di fare l'amore di Diletta, il suo aroma eccitato, le sue contorsioni acrobatiche, la sua voce che nel godimento diviene più bassa. Donato si accorge di volere Diletta, di non volere altre che Diletta, di essere disposto a barattare tutto il suo passato per un poco di futuro con la donna che stringe tra le braccia.

Vi è una statua meravigliosa al Museo Etrusco di Valle Giulia a Roma. Un uomo e una donna sdraiati accanto in atteggiamento compiaciuto e regale, probabilmente dopo aver fatto l'amore. Lieti di essere giovani e pieni di certezze per il futuro. Io l'ho conosciuta quella coppia, tanti secoli fa e soprattutto ho conosciuto quello scultore che ancora oggi riempie di ammirazione tanti visitarori nati millenni dopo. E' il privilegio di una piccola ma antica città come me aver visto all'opera tanti umani e ribollire tante passioni. Mi piacerebbe se fosse ancora vivo quello scultore, pervenuto dal nulla e precipitato nell'infinito, per poter scolpire anche il miracolo di Diletta e Donato che si baciano e si promettono amore e sentire la voce tremula di lui che pronuncia la parola "matrimonio" e quella incredula e quasi indispettita di lei che tuttavia dice sì prima con ironia poi con entusiasmo incontenibile. Sarebbe una statua magnifica e non importano i difetti, la mediocrità, le insufficienze di lui, non importano le contraddizioni e le fisime ideologiche di lei; quello che stanno facendo, la loro dichiarazione d'amore per l'amore, la loro promessa reciproca riscatta ogni cosa, li porta al vertice della dignità umana e dona anche a me, piccola e stupida città, motivi di speranza e commozione.

Capitolo sesto. *Un pomeriggio in sacrestia tra Cristo, Schopenhauer e analisi cliniche.*

Per entrare nella sacrestia del mio bel Duomo non bisogna passare da Piazza Bastianini, ove è sito il portone principale, bensì dal retro, tra i vicoli, introducendosi in una porticina laterale senza insegne. E' lì che don Felice e Giusto si sono dati appuntamento. Il sacerdote aveva percepito nella voce dell'amico che lo aveva chiamato al telefono una nota ancor più accorata del solito, una sorta di preoccupata tristezza che non gli era piaciuta affatto. Adesso lo attende con ansia, la sua solita e proverbiale ansia che lo ha tante volte reso ridicolo agli occhi di Giusto e non solo. Ma lui sa di non poterci fare nulla e che la sua ansia non è altro che un modo, certamente ingenuo ed inefficace, di avere almeno l'impressione di far qualcosa e di non essere inerte di fronte ai problemi, ai dolori, al male, che ogni giorno vede emergere intorno a sé. Felice sa che un buon pastore dovrebbe affidarsi soprattutto alla preghiera e alla fede nella provvidenza divina, se lo ripete ogni giorno ed è consapevole che, se credesse veramente in queste parole, la sua ansia scomparirebbe. Ma l'ansia permane.

"Ciao Felice. Grazie di avermi detto di venire subito. Purtroppo non avrei potuto aspettare domani" esordisce Giusto entrando. Il sacerdote gli fa cenno con la mano di sedersi. "Cosa succede? Ti vedo preoccupato". L'amico si toglie lentamente il cappotto e sorridendo dice "Nulla di poi così clamoroso. Anzi, direi che ciò che mi sta accadendo è quanto di più normale, banale, possa accadere ad un essere umano e non solo ad un essere umano" . Felice continua a guardarlo con espressione interrogativa. "Amico mio" prosegue Giusto "tu sai che io non mi sono mai confessato da te, anche se tu conosci di me molto di più di quanto conoscerebbe qualsiasi confessore, e non intendo confessarmi neppure oggi; tuttavia vorrei che tu considerassi, almeno per qualche tempo, quanto ti dirò alla stregua di una confessione e mantenessi un totale riserbo sul contenuto di questa conversazione". Naturalmente. "Ti ricordi quella volta, tanti anni fa, quando fummo entrambi coinvolti in un incidente stradale e ricoverati all'ospedale di Tarquinia?" Come potrei dimenticarlo? Reparto neurochirurgia, avevamo entrambi la testa rotta e ci dovettero operare. Ma in fondo fu poca roba, recuperammo presto. "Tu eri messo peggio di me, in confronto a te e a tutti gli altri ricoverati in ospedale, il danno alla mia testa era una sciocchezza. Potevo alzarmi, leggere, andare in bagno da solo, tutti privilegi impossibili per gli altri degenti, che erano bloccati nei loro letti a lamentarsi, a piangere, a supplicare attenzione da parte degli infermieri. Erano tutte persone appena operate o in attesa di operazione, piene di dolore, angoscia per il futuro, senso di impotenza. Ognuno di loro mi apparve presto come oppresso da una sorta di sofferenza cosmica. Erano tutti vivi, non c'era dubbio, ma questa circostanza non mi parve allora positiva come avrebbe dovuto. Era proprio il fatto di essere vivi a determinare la loro sofferenza, in quel momento la vita e il dolore mi parvero due facce della stessa moneta. Poi, riflettendo ancora un poco, mi accorsi che lo stesso identico dolore gravava sugli infermieri, forse sarà stata la consapevolezza di non poter portare giovamento a tutti quei sofferenti, non so, ma sani e malati non parvero in quel momento essere diversi, né meno sofferenti mi sembravano le persone che dalla finestra vedevo, nelle prime luci dell'alba, attraversare frettolose il cortile dell'ospedale. Mi accorsi allora che tutto il mondo è sofferenza e che questo destino non è riservato solo agli umani. Ricordo di aver letto che se avvicini una fiamma ad una pianta, essa si allontana dal calore. Perché si allontana? Io credo che lo faccia perché non vuole soffrire. Soffrono tutti gli animali e di questo non c'è dubbio ma io sospetto che anche la materia, col suo scontrarsi, legarsi e scindersi di elementi, sia indirizzata a tale dinamismo da una sorta di peculiare sofferenza. Insomma, l'impulso vitale che anima ogni essere è guidato dal dolore, anzi non è altro che un susseguirsi di tentativi, generalmente infruttuosi, di liberarsi dal dolore e ciò fino alla morte."

Felice interviene perplesso "Insomma, ti sei messo a leggere Schopenhauer. Non fare quella espressione, dimentichi forse che io sono quasi laureato in filosofia? Quella che mi hai esposto non è altro che una pessima lettura del "pessimismo cosmico" del filosofo di Danzica. Una filosofia che non mi piace. Temo che, a portarla alle estreme conseguenze, giustificherebbe il suicidio di massa. Perché negare che la nostra sofferenza nasce dal peccato e che solo la rinconciliazione con Gesù Cristo potrà liberarcene? " Giusto si ricorda di trovarsi nella sacrestia di una chiesa e cerca una risposta adeguata al luogo "Ho molta stima in Gesù Cristo e ritengo il suo messaggio meraviglioso. Se il mondo fosse cristiano – ma cristiano veramente e non a parole – sarebbe un luogo stupendo dove vivere. Ma il limite di ogni religione è, a mio parere, sempre lo stesso: pongono l'essere umano al vertice di una creazione fatta a nostro uso e consumo. La mia opinione è che l'umanità non sia poi così importante; l'homo sapiens è senza dubbio una forma molto elevata di esistenza ma l'Esistenza è enormente più grande e importante di ogni sua forma, compreso l'homo sapiens.

L'Esistenza, ovvero questo impulso vitale a nascere, crescere, moltiplicarsi e infine morire, coinvolge ogni forma vivente, organica e non organica, animale o vegetale, unicellulare o complessa, in ogni parte dell'universo, in quello attuale e in quelli già morti, in questa dimensione e nelle altre... e tutto questo è basato su un solo principio, quello di liberazione dalla propria sofferenza." Don Felice rimane basito "Ma ti ascolti? Sembri un invasato!" "Lo so. Perdonami. Tutte queste chiacchiere in fondo sono inutili. E' solo un punto che vorrei sottolinearti oggi ed è un punto importante perchè da esso deriva una decisione che ho preso e che vorrei discutere con te. Ho bisogno del tuo aiuto, per capire, per decidere..."

"Di cosa si tratta? Sarebbe ora che tu cominciassi a parlarmene, invece di infilarti sempre in qualche elucubrazione filosofica." Giusto risponde con una calma che sorprende perfino lui "Si tratta del fatto che sto per morire"

Il sacerdote si avvicina ancora di qualche centimetro all'amico e gli mette una mano sulla spalla "Giusto, ma che stai dicendo?" "Sto dicendo che ho un tumore al pancreas che si sta estendendo ai dotti epatici. Non è operabile. Potrei, forse, con le solite cure, allungarmi la vita di qualche settimana, ma l'esito è scontato. Del resto, Felice mio, non era scontato fin dall'inizio?"

Il sacerdote rimane in silenzio qualche secondo. "Bisogna pregare. Preghiamo insieme il Signore, Giusto, tu sei una brava persona. Dio ascolterà la nostra preghiera".

L'amico riprese il soprabito e parve indirizzarsi alla porta "Non voglio stare chiuso qui dentro, c'è ancora un poco di luce, che ne dici di fare una passeggiata sino a San Pietro?" Poi, accorgendosi della perplessità di Felice, "dai, pregheremo durante il cammino".

I due uomini si incamminano sulle orme dell'antica strada romana una volta chiamata Clodia, verso la mia parte più bassa che improvvisamente si inerpica e si erge su un colle che sembra creato apposta per un qualche tempio. In effetti, fin dalla antichità, questo sito ha ospitato edifici religiosi. Sulle rovine dell'antico tempio etrusco, di cui nulla è rimasto, è stato eretto un tempio romano che ci ha lasciato solo qualche colonna e poco più. Poi, nell'ottavo secolo, grazie a Carlo Magno che mi regalò alla Chiesa, fu edificata questa basilica, spesso modificata per porre rimedio a crolli e manomissioni. Qui si fermano i due amici, nel grande spazio così suggestivo da essere stato utilizzato per numerose opere cinematografiche, di fronte alla facciata della Chiesa che ripropone, forse non casualmente dato il tenore dei loro discorsi, la contrapposizione tra il regno delle tenebre e quello dei cieli "Quelle che tu definisci le mie elucubrazioni filosofiche" continua Giusto nel suo ragionamento "mi hanno fatto vedere in una luce diversa tutti gli errori e le cattiverie degli uomini." E sarebbe a dire? "Sarebbe a dire che le persone non sbagliano solo per egoismo o perchè cedono al peccato, sbagliano perchè non sono in grado di sopportare il loro personale dolore e cercano di liberarsene mediante la ricerca di qualche improbabile piacere o scaricandolo sulle spalle del loro prossimo. Non si tratta di malvagità, si tratta semmai di ignoranza o, se preferisci, di stupidità. Adesso che sono prossimo a morire tutto mi è chiaro, ma, credimi, lo avevo intuito anche prima. Quel maledetto ospedale di Tarquinia me lo aveva già insegnato e ciò mi ha consentito per tanti anni di guardare al mio prossimo con una certa pietà e commiserazione, di non offendermi troppo per le offese ricevute, di comprendere anche coloro che mi hanno fatto del male. Caro don Felice, amico mio, unico esemplare di essere umano che io conosca che riesca a seguire il sentiero segnato dal Cristo senza vacillare nelle difficoltà - anche se qualche volta, non lo negare, la fede si offusca e tu zittisci il dubbio, perché preferiresti la morte all'accettazione delle conseguenze del dubbio - a te posso aprire il mio cuore e dirti quello che già sai. Tutti mi considerano un imbecille, una sorta di minorato di cui è facile prendersi gioco perché nemmeno comprende di essere stato truffato, derubato, tradito. Ma non è così. Io ho sempre capito tutto. Ma il problema era che io ho sempre visto quello che gli altri non vedevano e cioè l'inutilità del male che queste persone mi facevano e il motivo che li spingeva a farmelo: la loro sofferenza, la loro incapacità di accettare il fatto che la vita è dolore e che non è possibile liberarsene né col denaro, né con il potere, né col piacere sessuale. In mancanza di un nome migliore, ho sempre chiamato questa situazione "condizione umana", anche se penso che la definizione pecchi per difetto perché tale condizione va ben oltre i confini umani e coinvolge tutti gli esseri viventi. Essere vivi significa infatti soffrire ed è un destino comune così drammatico che dovrebbe invogliare tutti a stringerci in una abbraccio solidale, a perdonarci reciprocamente; invece pensiamo che sia possibile evitare o almeno diminuire il nostro dolore imbrogliando e derubando il nostro socio oppure negando per interesse le parole e la volontà del padre per defraudare nostro fratello, oppure ancora approfittare della debolezza della moglie del proprio amico per portarsela a letto. Tutte queste cose io le ho viste e ho fatto finta di non vederle, consentendo che al danno mi venisse aggiunta la beffa dei miei simili ma tutti, nel giudicare questi eventi, avevano lo sguardo corto, fisso sul momento che vivevano e drogato dalla speranza che le loro cattive azioni li avrebbero resi meno sensibili alla comune condizione umana e liberi dal dolore."

Don Felice è seduto su una pietra, proprio di fronte al bel rosone della basilica ed è affranto e senza parole. Non è sicuro di aver ben capito il discorso di Giusto, sa solo che l'amico gli ha appena confessato di avere ormai poche settimane di vita e che probabilmente nulla di quello che dice ha senso, poiché è noto che di fronte al terrore si finisce per straparlare, per dire cose che non si pensano. Ma la sua angoscia nasce anche dal proprio comportamento. Lui è un sacerdote e ha di fronte un amico che gli è molto caro e che sta morendo, non toccherebbe a lui rinfrancarlo nella speranza della Fede, tenendo anche conto che la sua vita è stata certamente buona e che solo il proprio orgoglioso intellettualismo gli impedisce di essere un credente? Non è forse questo il momento di smetterla con i discorsi fumosi e cominciare a pregare insieme e suggerirgli una confessione che, ne è certo, sarebbe brevissima quasi quanto quella di un santo? Felice sa che questo è certamente quanto dovrebbe fare ma sa pure che non avrà il coraggio di farlo. Riprende pertanto il discorso che pure gli pare tanto assurdo. "Poco fa, quando parlavi di imbrogliare il proprio socio e di negare la volontà del padre ti riferivi a Donato e a Valente, il tuo ex socio e tuo fratello, non è vero?" "Si, certo" risponde Giusto con noncuranza "Queste sono vicende che tutta la città conosce ma per quanto riguarda quella affermazione su tua moglie, ti assicuro che non ho mai sentito dire nulla di ciò in giro" L'amico sorride "ma tu lo sapevi, non è vero Felice?" Il sacerdote tace. "Lo so, non puoi parlarne. Vedi, amico mio, Selvaggia è una brava donna e sostanzialmente anche una brava moglie. Non mi sorprende che senta il peso di questa azione e che abbia voluto confessarsi con te. Eppure, non riesce a liberarsi del fardello del legame con Fortunato, non vi riesce perchè ha paura di ricadere nella solitudine e nella disperazione di una vita incanalata su binari precisi e senza emozioni. Quell'uomo rappresenta per lei il brivido, l'imprevisto, l'allontanamento dalla sua vista della cruda realtà del futuro invecchiamento e della prospettiva della morte. Io l'ho capito questo dramma e per questo l'ho perdonata e ho perdonato anche Fortunato che crede di rimanere giovane e attraente portandosi a letto le mogli degli altri e non sa che invece la "condizione umana" verrà presto a bussare anche alla sua porta e gli presenterà il conto. In modo analogo ho perdonato anche Donato e Valente. Essi credono che la vita sia una frivolezza e che la morte si allontani vivendo intensamente e possibilmente con i soldi degli altri, con i soldi dei fessi. Ma la vita non è una frivolezza, è una vicenda tremendamente seria, dove tutti, ma proprio tutti, sono chiamati a rispondere non solo delle proprie azioni, come dite voi preti, ma del semplice fatto di essere vivi. Saranno chiamati al decadimento fisico e mentale, alla antiestetica bruttezza della vecchiaia, ai dolori della malattia, all'angoscia della solitudine, alla prospettiva della morte. Tutto ciò non è accettabile, non è sopportabile, se pensi che la vita sia una frivolezza e che basti essere furbi e spregiudicati per scivolare indenni di fronte alla vista del nostro anelito vitale che si spegne lentamente e in modo sofferto. La vita è sofferenza, caro Felice, l'ho imparato bene in quel camerone dell'ospedale di Tarquinia, tra i gemiti di tanti miei fratelli esseri umani che si lamentavano angosciosamente. Possiamo girare le spalle di fronte al nostro prossimo e pensare di essere salvi. Ma è un errore. La sofferenza è comune, è unica, è indivisibile, si deve affrontare guardandola negli occhi, consapevoli che è quella che ci fa vivere, che ci fa progredire, che ci fa correre verso sempre nuove e sempre fallimentari soluzioni che riteniamo possano anestetizzarla. E' la sofferenza che ci rende frivoli, è la sofferenza che induce una brava persona a tradire chi aveva giurato di amare tutta la vita, è la sofferenza che ci rende competitivi, egoisti, invidiosi. E' la sofferenza che ci rende malvagi."

Don Felice sembra invecchiato di dieci anni quando rialza la testa "Basta, Giusto, ti prego. Io non posso accettare che, nel giorno in cui mi confessi di essere malato grave, tu vada delirando con tanto pessimismo, disegnando una immagine dell'umanità così cattiva, senza speranze, una umanità condannata al male. Le cose non possono essere come dici tu. Sono certo che, in cuor tuo, tu sia convinto che vi è anche tanto bene in ogni persona". E Giusto "Non credo di essermi spiegato bene. Certo che vi è del bene in ogni persona, anzi, le persone sarebbero naturalmente buone se non fossero terrorizzate dalla prospettiva del dolore o ebetite dalla sua presenza. Ecco perché chi voglia essere buono deve riuscire ad allontanarsi dalla vita, che è intrisa di sofferenza, e guardare le passioni degli uomini e le loro azioni malvagie dal di fuori, da lontano, con indifferenza. Questo è ciò che ho cercato di fare per quasi tutta la mia vita e mi ha certamente consentito di soffrire molto meno del mio prossimo e, soffrendo meno, ho commesso anche meno atti egoisti e sconsiderati. Ma, come ti ho già detto, ho dovuto pagare un prezzo: quello di apparire un apatico, uno stupido, un tardo di comprendonio, un demente, un povero fesso tradito e derubato. Non ho voluto rispettare le regole di condotta del mondo perché avevo visto dove queste regole conducono. C'è solo un modo per affrontare la sofferenza e la malvagità che ci circondano ed è comprendere la realtà, comprendere la connessione tra impulso vitale e dolore, tra disperazione e malvagità, perchè di queste cose è fatto l'universo. Ma, non appena comprendi, vieni pervaso non solo da un senso profondo di pace ma anche da una immensa compassione per tutti gli esseri viventi e, in particolare, per coloro che ridono di te e credono che facendoti del male procurano a se stessi del bene. Ed è la compassione che conduce al perdono. Ed io, caro Felice, voglio perdonare tutti, voglio perdonare mio fratello Valente, voglio perdonare il mio Socio Donato e voglio anche perdonare l'amante di mia moglie Fortunato e sopratutto voglio perdonare Selvaggia, nei cui confronti porto la colpa di non aver mai spiegato, per paura di sembrare pazzo, quello che avevo capito della vita". E cosa intendi fare adesso?" chiese Felice "Intendo invitarvi tutti a cena" rispose l'amico con uno strano sorriso.

Capitolo settimo. *Una cena burrascosa e una passeggiata notturna.*

Diletta scende da viale Trieste verso il grande parcheggio ed è visibilmente agitata. Non deve esserle piaciuto il tenore del messaggio che le ha inviato don Felice, con tutte quelle allusioni alla "gravità" della malattia di Giusto e la preoccupazione per quello che l'amico avrebbe potuto fare. Poi, a complicare le cose già complicate, era arrivato anche il messaggio della signora Benedetta che la supplicava di farsi trovare al parcheggio, subito dopo le undici di sera, perché aveva necessità di parlarle di un episodio a suo dire gravissimo. Camminare per le mie vie deserte e buie non le piace affatto e tutti quei segnali enigmatici ma forieri di cattive notizie la inquietano notevolmente. Aveva immaginato ben diversa la fine della giornata in cui aveva ricevuto la proposta di matrimonio a cui aveva risposto con trasporto di si, ma Donato aveva ricevuto quella strana telefonata di Giusto che lo invitava a cena, in modo "cosi imperativo" aveva riferito l'uomo, che non gli era stato possibile negarsi. Diletta si era già molto infastidita per questa intrusione nella serata che avrebbe voluto solo sua, quando poi erano pervenuti quegli strani ed oscuri messaggi di Felice e Benedetta che la costringevano ad una passeggiata notturna di cui avrebbe volentieri fatto a meno.

Il grande parcheggio è proprio sotto le mura esterne e a quest'ora è ovviamente deserto. Non le è difficile individuare, parzialmente illuminata dalla luce di un lampione, la figura delle signora Benedetta in attesa. Alle domande di Diletta, la portiera sembra quasi scoppiare in lacrime "Un finimondo, signora mia, un finimondo! Non ho mai sentito in vita mia tante accuse, grida, offese, ingiurie e minacce. E il povero signor Giusto sempre tranquillo, bonario, quasi distaccato, come se di tutte quelle persone non gli importasse nulla e fosse solo sollevato e soddisfatto di quello che aveva detto". "Senti Benedetta, così io non capisco niente. Hanno forse parlato della malattia di Giusto?" "No, quale malattia? Diletta sbuffa. "Va bene. Raccontami tutto dall'inizio". La signora

Benedetta sembra in parte rassicurata dall'avere l'opportunità di raccontare a qualcuno le scene a cui ha assistito, si siede in una panchina e comincia "E' andata così. Questo pomeriggio la signora Selvaggia mi ha chiesto di aiutarla per la cena, perché il marito aveva deciso di invitare alcune persone. In effetti, oltre al signor Fortunato, che c'è sempre, vi erano anche Valente, il signor Donato e il parroco. Avevo appena terminato di servire gli antipasti quando il signor Giusto ha cominciato a battere con il coltello sul bicchiere per ottenere l'attenzione e poi ha iniziato a fare discorsi strani, dicendo che voleva che tutti sapessero che lui li perdonava, che li aveva sempre perdonati, fin dall'inizio. Ognuno chiese di cosa mai venisse perdonato e Giusto ha cominciato a snocciolare, ad uno ad uno, tutti i torti e le malefatte che, a suo parere, ognuno avrebbe compiuto. Ma senza astio, con tono dimesso, quasi amichevole. A Donato ha detto che comprendeva il fatto che, nonostante fossero soci al cinquanta per cento, il suo diverso tenore di vita e la sua abitudine di scommettere e di giocare a carte gli aveva fatto decrescere in maniera sensibile il conto in banca e si trovava oberato di debiti e minacciato da creditori poco pazienti e poco raccomandabili. La situazione economica di Giusto era sensibilmente migliore e questo poteva aver determinato in Donato non solo un poco di invidia ma soprattutto il convincimento di aver individuato un modo facile e quasi esente da rischi per trarsi d'impaccio. Giusto sapeva bene che l'invidia e la paura sono forme gravi di sofferenza e che la sofferenza può far fare stupidaggini ben peggiori del derubare un socio. Ha chiamato Donato "povero, fragile, disorientato amico mio" e ha ribadito che lo perdonava, che non desiderava la restituzione del denaro sottratto e che gli augurava ogni bene. Poi si è rivolto a Valente e gli ha detto che tradire le promesse fatte al padre sul letto di morte può sembrare grave ma lui comprendeva che il loro papà non lo aveva sempre trattato con giustizia e che nei suoi discorsi aveva sempre fatto trasparire una preferenza verso il primogenito. Ha ipotizzato che il comportamento del fratello non fosse un atto di avidità bensì una forma sbagliata di rivalsa nei confronti del padre Fosco e subito ha aggiunto che Valente era una parte importante della sua famiglia e non aveva mai cessato, neppure di fronte a quella scorrettezza, di volergli bene e che, infine, lo perdonava di cuore." Diletta è sbalordita da questo racconto "Ma come gli è venuto in mente a Giusto di mettere sul tavolo queste questioni proprio adesso? Sono cose note, tutto il paese le conosce e Donato è determinato a cambiare vita, a mettersi a posto e a restituire almeno una parte di quanto ha sottratto a Giusto. Perché proprio adesso questo perdono pubblico? Ti ripeto, Benedetta, sei assolutamente certa che non abbia parlato di una sua grave malattia?" "No" ribadisce la donna "nessuno ha fatto cenno a malattie". "Non capisco. E ovviamente Donato e Valente hanno reagito male". "Male? Signora Diletta, lei non può immaginare. Un inferno. Grida, accuse, minacce di querela. Ad un certo punto, Valente ha tirato una bottiglia piena verso Giusto mancandolo di poco e gli ha gridato che, se ripeterà queste accuse in pubblico, si sentirà autorizzato a spaccargli la faccia, perché lui non ha nessuna prova dell'esistenza di denaro dentro la cassaforte e perché la legge parla chiaro in materia di trasferimento di beni immobili". "E Giusto?" "Niente. Tranquillo, quasi sorridente. Neppure don Felice riusciva a capirlo e continuava a ripetere a tutti che dovevano spiegarsi, parlare, ascoltarsi. Come no. Quelli volevano massacrarlo di botte" Diletta diviene rossa in viso e solo allora si accorge di non riuscire a nascondere di essere innamorata "Escludo che Donato possa picchiare qualcuno. E' un uomo molto più buono di quanto non si creda!" "Certo, certo.." risponde l'anziana portiera, che è donna di mondo e che sa riconoscere i sintomi di una certa malattia femminile quando si palesano così chiaramente. "Ad ogni modo, il peggio doveva ancora venire. Appena i due uomini sono usciti di casa furibondi, il signor Fortunato si è andato a sedere nel salottino e ha messo i piedi sul tavolino, accendendosi una sigaretta. E poi ha chiesto, con un atteggiamento particolarmente fastidioso, se Giusto non avesse nulla da dire anche a lui. "No" ha risposto l'altro "quello che ti dovevo dire l'ho già detto a pranzo, ma non credo che tu mi ascoltassi". Fortunato ha detto allora che l'aveva ascoltato benissimo e aveva riso di cuore a quella favoletta zen sul potere di Dio che sarebbe quello di perdonare. "Perdonare" ha aggiunto "è l'estrema risorsa dei deboli e degli incapaci, di coloro che non sono capaci di difendere i loro diritti e cedono piagnucolando. Altro che potere di Dio!" Giusto ha ribadito che Fortunato, più di ogni altro, aveva bisogno di perdono, perchè la sua vita era infinitamente malvagia, il che significava che certamente anche la sua sofferenza era infinitamente profonda. Probabilmente lui era perfettamente consapevole della infamità del suo comportamento e del dolore e della vergogna che procurava al prossimo ma non poteva farne a meno, perchè la via onorevole l'avrebbe costretto a mettersi in gioco, ad accettare i rischi di un rapporto sentimentale, accettare l'eventualità di diventare vittima dell'amore e non solo e sempre suo carnefice. "La tua vita" ha concluso Giusto "è una esistenza senza coraggio. Ti piacciono solo le donne degli altri perché saresti incapace di assumerti la responsabilità di una donna tua, di vederla non solo come un corpo da possedere ma come una persona da apprezzare, amare, difendere e proteggere. No, tu i profili più difficili e seri del rapporto amoroso li lasci ai mariti e cerchi solo l'aspetto più facile e piacevole per scappare subito via. Tu hai paura, caro Fortunato, hai paura della responsabilità che comporta un vero rapporto di coppia; perché in questo hai ragione, può comportare anche dolore, preoccupazione, dubbio e disorientamento. Ma ti illudi se pensi, non impegnandoti mai e godendo furtivamente del lavoro emotivo degli altri, di sfuggire al dolore. Il tuo dolore si chiamerà solitudine, vecchiaia vissuta nel senso di inutilità e nel rimpianto, nel tentativo penoso di rimanere attraente e vedersi invece sempre più trascinato nella disperazione del decadimento fisico e intellettuale e non potrai neppure invocare la cattiva sorte perchè della tua attuale e futura condizione umana tu sei l'unico artefice" Il signor Fortunato allora si è messo a ridere "Di cosa sarei colpevole? Di essere andato a letto con tua moglie? Se non ci fossi andato io, sarebbe stato un altro, tutti i maschi del paese non basterebbero a tua moglie, povero idiota! Tu accusi tutti e ti assolvi beatamente dalla tua colpa più grave: quella di aver sposato una puttana. Perché credi che sia venuta con me, perché credi che io le abbia fatto fare cose che tu non hai mai avuto il coraggio di chiederle? Pensi che io sia più bello di te? Lo sai che non è vero. Più intelligente? Non diciamo sciocchezze. L'unico motivo è che io la facevo sentire sporca. Alle donne piace sentirsi sporche, dar sfogo alle loro fantasie e perversioni e fare le maialate e lo possono realizzare solo con un'amante, anche se non lo stimano e forse neppure apprezzano fisicamente. Ma a chi lo sto dicendo? Ad un marito, efebico intellettuale, puro ed algido come un pezzo di ghiaccio. Con te non riuscirebbe a sentirsi porca neppure la nota prostituta che esercita sulla provinciale per Viterbo. Dimmi, quindi, di cosa dovresti perdonarmi?"

"Ma davvero ha detto questo?" Diletta era sconvolta. "Fortunato è un vero mascalzone" "Un verme schifoso" aggiunge Benedetta, triste per non aver trovato un aggettivo più infamante. "E Selvaggia, cosa diceva Selvaggia?" "La povera signora era diventata una statua di sale. Impietrita, guardava nel vuoto, come se desiderasse liberarsi di quell'incubo che si stava manifestando nel suo salotto. Quando Fortunato si è alzato per andarsene, non ha fatto neppure un cenno, come se nulla la riguardasse più" . "E Felice? Cosa ha fatto don Felice?" "Il parroco è rimasto in silenzio anche lui, praticamente sconvolto. Ma quando Fortunato era sulla soglia di casa per andarsene, lo ha quasi inseguito dicendogli che chi commette peccato è un peccatore, ma per lui vi è ancora speranza, chi invece induce l'innocente al peccato si rende uno strumento del demonio e per lui non vi è alcuna possibilità di salvezza. A quel punto, Fortunato ha smesso di ridere e ha comimciato a imprecare contro i preti e a bestemmiare a voce alta. I vicini di casa erano tutti affacciati alle finestre. Che vergogna, Signora Diletta, che vergogna!"

La signora Benedetta, che è certamente una brava

persona e molto affezionata a Giusto e Selvaggia, a questo punto non riesce a trattenere le lacrime e Diletta si rende solo adesso conto che si trovano in un pargheggio quasi deserto e praticamente buio, illuminati a tratti dalle luci dei fari delle poche auto che passano e guardate con sospetto dai conducenti di quel viavai notturno. "Poi, uscendo di casa con don Felice, il signor Giusto ha detto alla moglie delle frasi che mi hanno commosso. Le ha detto che tutte le mostruosità che aveva pronunciato Fortunato erano menzogne e che Selvaggia rimaneva per lui la donna meravigliosa che gli aveva reso la vita felice e che ella aveva dimostrato a tutti, in molte occasioni, di essere un'ottima moglie e una madre perfetta." "Beh" fa Diletta con una punta di scetticismo "è sempre stato un po' troppo accomodante e retorico..." "Giusto era sincero, signora Diletta, le assicuro che lo era". "Va bene. Sarà come dici. E Selvaggia che ha risposto?" "Nulla. E' rimasta ancora in silenzio. Incapace ancora di avere reazione di qualsiasi tipo, lo ha guardato mentre usciva di casa quasi con indifferenza e sollievo." "Ho capito" replica Diletta, mentendo anche a se stessa "e dove sono andati a quest'ora Giusto e Felice?"

Il parco di Torre del Lavello è la parte più suggestiva di me, una sorta di terrazza tra le mura che insiste sul colle San Pietro e che consente una delle visioni più romantiche della Tuscia. Il parco è dominato dalla torre, ricostruita più volte nel corso dei secoli e che appare ancora oggi fortemente rimaneggiata. Il bastione fu costruito da un fosco personaggio del medioevo, noto come il signore di Lavello, che insanguinava le mie colline con le sue scorribande e che, da cavaliere di ventura, si metteva al servizio dei signorotti della zona, ogni volta acquisendo terreni o denaro. Il Signore di Lavello (località dell'Italia meridionale) era violento e passionale e mi aveva trasformato in una sorta di suo feudo, amando le mie colline anche per la presenza di una giovane donna, figlia naturale dell'abate (non vi scandalizzate, i tempi erano questi e persino i Papi avevano figli). La donna, tuttavia, lo aveva rifiutato e il Cavaliere, in una delle scorribande predatorie, aveva consentito che dei soldatacci al suo servizio la violentassero e uccidessero. La leggenda vuole poi che, in preda al rimorso, il Signore di Lavello si sia gettato dalla torre che oggi prende il suo nome ma io, che ho vissuto queste vicende e che le ricordo come se fosse oggi, so bene che quando cadde dalla torre l'uomo aveva già il torace squarciato da una lama e che il rimorso forse qualche volta uccide ma mai quanto l'avidità di potere e il desiderio di vendetta. La storia è pertanto molto meno romantica di quanto oggi non si racconti.

Proprio nel punto in cui cadde quel cadavere, ora siedono su di un sasso Giusto e Felice e guardano il buio della valle, con i ruderi illuminati dalla luna. Felice appare fuori di sé "Ma come ti è venuto in mente di fare questi discorsi? Il perdono non può essere imposto. Il peccatore deve riconoscere il suo peccato e lo deve chiedere. Altrimenti non ha senso. Fortunato, Valente e Donato hanno infatti interpretato il tuo perdono come un'accusa ingiuriosa e non come un atto di amore e devo dirti che anch'io ho fatto fatica a percepirlo nel modo giusto" "Già" fa l'amico "ti ricordi quando ti dissi che secondo me Dio avrebbe potuto perdonare tutti, buoni o malvagi, e tu, da buon sacerdote che conosce il catechismo, mi hai risposto che non era possibile, perché non può esistere salvezza senza merito? Sbagliavi, perchè il malvagio, anche di fronte ad un Dio misericordioso che gli spalanca le porte del Paradiso, non accetterebbe il suo perdono e lo considerebbe ingiurioso. I malvagi non vogliono essere perdonati bensì giustificati nella loro malvagità e pertanto si rifiuterebbero di entrare in Paradiso, mentre i buoni, che per quanto buoni sono ben consapevoli di aver bisogno del perdono di Dio, entrerebbero pieni di gratitudine. Alla fine, pertanto, anche se Dio perdonasse tutti, in paradiso ci andrebbero solo i buoni. Ma nel merito comunque tu hai ragione, Felice, il mio perdono non è stato un atto di amore, bensì un atto di compassione per loro e per me. Ho molta compassione per me, caro amico, e non perchè io stia per morire bensì perchè ho vissuto. Vivere è doloroso. Vivere è affermazione arrogante del proprio io a discapito di tutto e di chiunque, è continua ricerca di soddifazione e di piacere per nutrire il nostro ego e non fargli percepire che l'esistenza è puntellata di dolori, ambizioni, malattie, tradimenti, fallimenti, sogni disillusi, decadimento fisico, paura del futuro, recriminazioni, rimorsi e ansia. Tutto per salvare l'integrità del nostro ego ingordo e cieco. Per non "perdere la faccia". Invece la dobbiamo perdere questa faccia, se vogliamo salvarci. Dobbiamo scoprirci miseri quali siamo, non temere il disprezzo, la derisione, l'incomprensione dei malvagi. E' il dolore che li fa agire così e loro meritano la medesima compassione che noi desideriamo per noi stessi."

Giusto e Felice, ad un certo punto, smettono di parlare di filosofia e di morte. Sono raggiunti da Diletta e li sento non solo ridere ma persino cantare le vecchie canzoni di Lucio Battisti che il parroco conosce a memoria. Cantano fino a notte fonda, sino all'alba, ridendo e tenendosi per mano, come quei vecchi amici e brave persone che sono e che rimarranno per sempre.

Capitolo ottavo. *Il giorno finisce, tutto finisce. Breve commiato.*

Come sono certa di avervi già detto, le persone che mi abitano mi interessano tutte. E' brava gente, di antico ceppo etrusco e di cultura contadina. Per quale motivo vi abbia raccontato proprio questa storia, tra le mille che conosco, mi risulta ignoto e incomprensibile. Ve ne erano di più interessanti, vivaci, divertenti e anche taluna più drammatica e commovente. In effetti mi accorgo che, nella vicenda che vi ho narrato, non è successo niente, proprio nulla di rilevante. Giusto è morto alcuni mesi fa e pochi sono andati al suo funerale. E' andato a morire altrove, in quell'ospedale di Tarquinia che lo aveva tanto impressionato e messo in testa tante strane idee. A parte una visita di Diletta e una della moglie, pare che il solo Felice sia stato sempre accanto a lui e che abbia raccolto le sue ultime parole senza senso "Quando finalmente nasce il Perfetto, il frammentario muore". Non so cosa signifchi. Forse non lo sapeva neppure lui. Il vaneggiamento dei moribondi spesso è privo di significato. Quello che sembra certo è che sia morto sorridendo.

Selvaggia è venuto a trovarlo quando la fine era prossima ma l'uomo ancora cosciente; non hanno detto nulla, si sono sorrisi e stretti le mani e sono rimasti entrambi così, in silenzio e sorridenti per ore, ma i loro cuori sono certa che parlavano, anzi cantavano.

Giusto era soprattutto un uomo sofferente e consapevole del valore del dolore e questo me lo rendeva simpatico, perchè mi sembra avesse compreso che la sofferenza non lo faceva diverso dal resto del mondo ma anzi era proprio quella che lo univa all'universo. Aveva ragione quando affermava che anch'io, che sono una città, soffro e soffre ogni mio mattone, ogni particella di materia soffre, ogni animale, ogni pianta, ognuno dei minerali che compongono la massa dell'universo. L'intero Universo soffre. Giusto aveva capito, o meglio creduto di capire, che la malvagità che vedeva trionfante intorno a lui avesse origine nella comune sofferenza ma si rendeva anche conto che, se si fosse fermato a questa considerazione, avrebbe consegnato alla malvagità le chiavi dell'intero Esistente e il bene sarebbe stato relegato al puro mito. Non poteva sapere, il buon Giusto, che già duecento anni fa un intellettuale francese dal cognome olandese, passato tra le mie colline per raggiungere Roma per una serie di conferenze, avesse affermato che coloro che abbracciano la teoria del pessimismo cosmico vengono condotti dalla loro filosofia fino ad un vicolo cieco e colà abbandonati; dopo di ché a costoro non resta da scegliere che tra la canna di una pistola e i piedi di una Croce. Giusto aveva sia una intelligenza critica troppo orgogliosa per scegliere i piedi della Croce sia un amore etico per la vita troppo vivido per scegliere la canna della pistola; aveva pertanto elaborato una teoria del perdono che gli appariva una onorevole e convincente via di uscita per vincere la sofferenza e la malvagità che ne consegue e per dare e darsi una speranza. Se si perdona, se tutto viene perdonato, se tutto ciò che vive viene sopraffatto dalla commozione del comune reciproco compatimento, la malvagità non ha più senso e anche la sofferenza, accettata per quello che è e cioè condizione dell'esistenza, diviene quasi salvifica, motivo di reciproca compassione. Giusto non pensava pertanto di salvare il rapporto col fratello o con il socio, non pensava neppure di salvare il proprio matrimonio, pensava di salvare l'Universo e questo lo ha reso l'uomo più presuntuoso che abbia mai calcato il mio territorio ma anche il vaneggiatore più simpatico e generoso. E credetemi, nella mia lunga esistenza io di vaneggiatori ne ho conosciuti molti e tutti indaffarati a soddisfare assurdi desideri e vane ambizioni ma nessuno di essi è mai morto sorridendo.

Questo credo di aver capito di tutta la vicenda ed è qualcosa di terribilmente noioso. Mi spiace di avervi tediato. Spero di vedervi presto dalle mie parti, dove il vino e l'olio sono ottimi e il pecorino è di sbalorditiva bontà. Venite a visitare le mie chiese millenarie e le cripte suggestive ove ancora sussurrano i miei medioevali abitanti o le mie necropoli, per conoscere la parte ancora esistente del genio del mio antico popolo etrusco. Venite e non ve ne pentirete, perchè io sono una città che sa amare. Forse perchè anch'io ho visto tanto odio. Ma, nel venire, fate anche una visita al mio cimitero. E' molto brutto in verità ma ospita la tomba del grande vaneggiatore e, se siete credenti, dite anche una preghiera se volete. Giusto era accusato dall'amico parroco di non credere in Dio e forse, in senso stretto, Felice non aveva torto. Ma egli credeva nell'amore e nella compassione. E spero sinceramente che per questo, almeno lui, alla fine accetterà di essere perdonato da Colui che tutto perdona.

Fine

Personaggi

Giusto, proprietario di una merceria
Felice (don) Parroco
Diletta, professoressa amica di Giusto e Felice
Donato, ex socio di Giusto
Selvaggia, moglie di Giusto
Fortunato, ex cliente di Giusto e amante di Selvaggia,
Valente, fratello di Giusto
Benedetta, portiera di casa di Giusto,
Serena, figlia di Giusto e Selvaggia
T. splendida cittadina della Tuscia, voce narrante di questa storia a cui mi lega un amore profondo e senza speranze.

Note

Capitolo 2^. Tutte le informazioni sulla nuova ondata del femminismo sono tratte da P. Bruckner "Un colpevole quasi perfetto". 2021, Guanda editore, in particolare dal capitolo 9, pagg 119 e ss.

Capitolo 3^. Le maldigerite e malcomprese teorie di Bauman riferite da Fortunato sono tratte da "Amore liquido. Sulla fragilità dei rapporti affettivi" di Zygmunt Bauman. Laterza editore, 2006

Capitolo 4^ . La storiella sulla potenza di Dio raccontata da Giusto è una rielaborazione, con molte modifiche, di una novella zen che potrete trovare nel libro di Elemire Zolla "Dal tamburo mangiai, dal cembalo bevvi..." Marsilio editore, 2021

Capitolo 6^. Alcune delle disquisizioni di Giusto sembrano, come espressamente dichiarato, trovare origine nella filosofia di Schopenhauer, ma in modo tutto sommato marginale. Chi volesse saperne di più, legga la prima parte del "Mondo come volontà e rappresentazione" del filosofo tedesco.

Capitolo 8^. La frase di Giusto morente – non ditelo al

povero Felice che avrebbe dovuto conoscerla – deriva da San Paolo (1 Cor. 13.10) e si presta a molteplici interpretazioni.

Capitolo 8^. Il "francese dal cognome olandese" che criticò il pessimismo cosmico, che pur aveva precedentemente abbracciato, non è altri che Joris Karl Huysmans. La frase secondo cui esso conduce ai piedi di una croce o davanti alla canna di una pistola, non è tuttavia sua.

Sento forte il dovere di ringraziare il Dott. Luca Mariani e la Dottoressa Maria Pia Miscio per il loro impagabile sostegno morale e operativo.

Ringrazio anche mia moglie, i miei figli, l'avvocato Marco Annecchino, il dott. Riccardo Cucinotta e tutti i miei amici per avermi sopportato in tante mie elucubrazioni filosofiche che, alla fine, hanno trovato una storia in cui esprimersi.

Non sarà infine inutile aggiungere che, ovviamente, la trama del romanzo è frutto di fantasia ed eventuali apparenti riferimenti a fatti realmente accaduti è mera casualità.